"HUO"QILAI DE FEIYI ZIYUAN
YOUERYUAN "TONGQU FEIYI" DEYU KECHENG DE KAIFA YU SHIJIAN

"活"起来的非遗资源

幼儿园"童趣非遗"德育课程的开发与实践

李会燕 著

中山大学出版社

·广州·

版权所有　翻印必究

图书在版编目（CIP）数据

"活"起来的非遗资源：幼儿园"童趣非遗"德育课程的开发与实践/李会燕著．—广州：中山大学出版社，2023.12
ISBN 978-7-306-07982-4

Ⅰ．①活… Ⅱ．①李… Ⅲ．①德育—教学研究—学前教育 Ⅳ．①G611

中国国家版本馆CIP数据核字（2023）第254965号

出 版 人：王天琪
策划编辑：张　蕊
责任编辑：张　蕊
封面设计：曾　婷
责任校对：舒　思
责任技编：靳晓虹
出版发行：中山大学出版社
电　　话：编辑部 020-84111997，84113349，84110283，84110776
　　　　　发行部 020-84111998，84111981，84111160
地　　址：广州市新港西路135号
邮　　编：510275　　　　传　真：020-84036565
网　　址：http://www.zsup.com.cn　　E-mail：zdcbs@mail.sysu.edu.cn
印 刷 者：广州市友盛彩印有限公司
规　　格：787mm×1092mm　1/16　8.75印张　180千字
版次印次：2023年12月第1版　2023年12月第1次印刷
定　　价：58.00元

如发现本书因印装质量影响阅读，请与出版社发行部联系调换

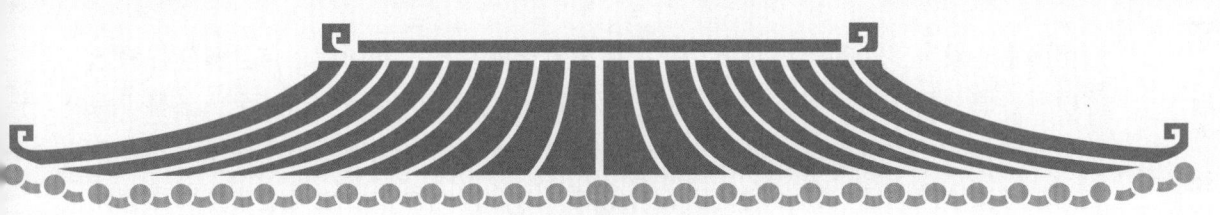

前言

习近平总书记说："人无精神则不立，国无精神则不强。唯有精神上站得住、站得稳，一个民族才能在历史洪流中屹立不倒、挺立潮头。"心有所信，方能行远。党的二十大报告指出，中华传统文化是中华文明的智慧结晶，其中蕴含着天下为公、自强不息、厚德载物、讲信修睦、亲仁善邻等精神力量，是中国人民在长期生产生活中积累的关于道德观、社会观的重要认识，并与社会主义核心价值观高度契合。

佛山作为国家历史文化名城、岭南文化重要发源地以及明清时期的四大镇、四大聚之一，有着丰富的非物质文化遗产（以下简称非遗）资源。佛山非遗具有丰富的社会主义核心价值观元素，蕴含着讲仁爱、守诚信、崇正义、尚和合等核心价值。比如，赛龙舟等竞技类非遗蕴含着自强不息、勤劳勇敢、英勇无畏的民族精神；龙舟说唱等口头传统类非遗折射出扶危济困、抑恶扬善、乐善好施的人文情怀；醒狮、舞龙等民间体育游艺类非遗蕴含着团结、友爱、奋进的精神。

3~6岁是幼儿个性倾向和道德观念形成的萌芽时期，是培养良好品德行为的黄金时期，而儿童的生活经验总是与其周围的自然和文化环境息息相关。《幼儿园教育指导纲要》指出，要"充分利用社会资源，引导幼儿实际感受祖国文化的丰富与优秀，感受家乡的变化和发展，激发幼儿爱家乡、爱祖国的情感"。佛山非遗展示了民众求真、向善、尚美的情怀品质，能够带给幼儿潜移默化的影响，为幼儿形成、发展、巩固良好的个性奠定基础，是用于开展佛山幼儿德育、构建幼儿德育课程的地方文化资源宝库。以非遗为资源实现以文化人、以文育人的目标，是我们每一个教育工作者的责任和义务。

禅城作为佛山市中心城区，是首批广东省教育强县、教育现代化先进区，历来重视学前教育与优秀传统文化的融合发展。2010年8月至2015年7月，在佛山市禅城区教育发展中心的引领下，区域梳理了佛山非遗资源，探索编制以非遗为核心的幼儿园特色园本课程，区内"陶艺、武术、剪纸、食育"等园本课程硕果累累。2015年8月，区教育局总结非遗课程推广成果，据统计，非遗课程进入全市1000多所幼儿园，基于非遗课程与省内外幼儿园交流上百次，接待粤港澳大湾区幼儿园方代表前来学习非遗课程数十次，具有相当大的影响力。非遗园本课程的实施和推广，为幼儿园德育课程体系建设奠定了良好基础，提供了经验借鉴。

禅城区教育局主持申报的项目"文化润德：基于非物质文化遗产的幼儿园德育

课程体系建设"于2020年11月成功获批广东省学前教育"新课程"市县科学保教示范项目。该项目作为广东省7个市县科学保教示范项目之一,是全省5个市县科学保教示范项目之一,也是全省唯一一个区域德育课程项目。该项目组建禅城区20多个学前教育发展共同体,以非遗为核心构建幼儿园德育课程,搭建非遗德育课程交流互动平台,贯彻集非遗项目传承人、非遗项目基地、非遗项目领衔园、非遗项目课程实施于一体的实施路径,打造"陶艺、武术、剪纸、食育"四大课程体系,形成"4+n+3"课程建设模式,开展以禅城区本土特色为核心的幼儿园德育课程品牌建设。

《"活"起来的非遗资源:幼儿园"童趣非遗"德育课程的开发与实践》一书,是禅城区学前教育经过10余年的研究探索所形成的关于"童趣非遗"课程的集成性成果。本书详细介绍了佛山市禅城区幼儿园德育课程建设的过程,以课程研究的思路进行撰写,共分为8章,主要从理论基础、课程目标、课程内容、课程实施与评价等方面展开讨论,并结合部分典型案例进行了更清晰的阐述。"童趣非遗"课程研究具有以下创新点:

一是范式创新,破解了在学前教育阶段开展德育教育和传承中华文化的难题。基于非物质文化遗产的德育价值,将美育和德育相融合,构建幼儿园德育课程资源体系,实现文化传承和课程育人双驱动,丰富学前教育课程的理论和实践研究成果。

二是管理创新,优化了非遗德育课程体系的顶层设计。依托幼儿园、家庭和社会,全方位实施非遗德育课程,建立政府—高校—社会—幼儿园"四位一体"综合联动机制,充分挖掘本土的、中国的、世界的非遗文化资源,建立科学系统的区域非遗德育课程体系。

三是机制创新,构建了区域共同体课程体系,促进了一体化发展。依托学前教育发展共同体推广非遗德育课程,带动区域园本课程一体化发展,整体提升区域学前教育课程质量。

四是形式创新,实现了课程资源的共享。基于"互联网+"的时代思维,联动信息化专家搭建网络资源平台,建立"童趣非遗"德育课程资源库,为幼儿园、教师、家长、社会搭建话语平台和支撑平台,建立共研、共建、共享的课程资源平台,推动课程建设体系化、科学化、网络化,打造禅城学前教育课程的名片。

以这个项目和这本著作为新的起点,我们将继续以构建区域高质量的学前教育质量体系为目标,基于"G-U-S-K"课程建设模式,进一步从区域层次架构"非遗润德"课程,完善基于非物质文化遗产的幼儿园德育课程体系,发挥幼儿园德育课程资源的最优化和最大化价值,进而助推佛山非遗的可持续发展。

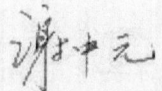

佛山科学技术学院广府非物质文化研究中心

目录

第一章 "童趣非遗"德育课程的研究溯源

第一节 "童趣非遗"德育课程的研究背景 / 002
第二节 "童趣非遗"德育课程的研究现状 / 006
第三节 "童趣非遗"德育课程的研究保障 / 009

第二章 "童趣非遗"德育课程的核心概念与理论基础

第一节 "童趣非遗"德育课程的核心概念 / 016
第二节 "童趣非遗"德育课程的理论基础 / 017

第三章 "童趣非遗"德育课程的理念与目标

第一节 "童趣非遗"德育课程的理念 / 028
第二节 "童趣非遗"德育课程的目标 / 029

第四章 佛山非遗课程的资源开发与研究

第一节 佛山非遗的内涵与价值 / 036
第二节 佛山非遗的分类与介绍 / 038

第五章 "童趣非遗"德育课程的内容与组织

第一节 "童趣非遗"德育课程的内容 / 054
第二节 "童趣非遗"德育课程的组织 / 060

第六章 "童趣非遗"德育课程的实施

第一节 "童趣非遗"德育课程的实施路径 / 066
第二节 "童趣非遗"德育课程的实施途径 / 068

第七章 "童趣非遗"德育课程的评价

第一节 课程评价 / 100
第二节 "童趣非遗"德育课程的评价 / 102

第八章 "童趣非遗"德育课程研究的实施效果与未来展望

第一节 "童趣非遗"德育课程研究的实施效果 / 126
第二节 "童趣非遗"德育课程研究的未来展望 / 131

第一章　"童趣非遗"德育课程的研究溯源

第一节 "童趣非遗"德育课程的研究背景

一、问题提出

为全面贯彻党的十九大精神，践行党的教育方针，推进立德树人根本任务，落实《3~6岁儿童学习与发展指南（试行）》《幼儿园工作规程》《幼儿园教育指导纲要（试行）》《广东省幼儿园一日活动指引（试行）》等文件要求，禅城区以构建区域高质量的学前教育质量体系为起点，致力打造基于非物质文化遗产的幼儿园德育（以下简称"非遗润德"）课程体系，期望从区域层次架构"非遗润德"课程，实现幼儿园德育课程资源利用最优化和最大化，推动非物质文化遗产文化传承，以文化滋润幼儿成长成才，树立幼儿文化自信，培养具有乡土情、中国心、世界眼的面向未来的真善美幼儿，整体提升全区学前教育保教质量。

（一）国家政策的精神引领

习近平总书记说："人无精神则不立，国无精神则不强。唯有精神上站得住、站得稳，一个民族才能在历史洪流中屹立不倒、挺立潮头。"心有所信，方能行远。党的二十大报告指出，中华传统文化源远流长、博大精深，是中华文明的智慧结晶，其中蕴含着天下为公、厚德载物、讲信修睦、亲仁善邻等精神力量，是中国人民在长期生产生活中积累的关于道德观、社会观的重要认识，并与社会主义核心价值观高度契合。将这些精神和民族魂有力量地"落地"，是我们每一个教育工作者的责任和义务。习近平总书记在2021年两会上指出要把立德树人体现到学科体系、教学体系、教材体系、管理体系建设各方面，培根铸魂、启智润心。我国自21世纪初实施非遗保护以来，逐渐认识到非遗是一个民族的标志，也是个体与生俱来的文化胎记，是我们继承优秀文化传统、践行核心价值观的重要资源。党的十九大报告指出，提倡建设中华优秀传统文化传承体系，提高国家软实力，鼓励文化走出去，增强文化自信。在此背景下，实施中国传统文化教育是时代的客观要求，是培养民族精神、开展全面素质教育的重要举措。"少年强则国强，少年进步则国进步"，幼儿教育是基础教育的重要组成部分，是我国学校教育和终身教育的起始阶段，因此，弘扬优秀传统文化有必要从小抓起，从娃娃抓起。

（二）佛山市非遗资源丰富，群众基础好

佛山作为千年古城、岭南文化的发源地以及明清时期的四大镇、四大聚之一，有着丰富的非遗资源。据2022年3月统计，佛山市现拥有国家级非遗项目15项、省级非遗项目54项（有6项已过公示期，广东省政府还未正式发文）、市级非遗项目131项。其中，国家级非遗项目有：狮舞（广东醒狮）、粤剧、龙舟说唱、佛山木版年画、剪纸（广东剪纸）、石湾陶塑技艺、十番音乐（佛山十番）、龙舞（人龙

舞）、灯彩（佛山彩灯）、彩扎（佛山狮头）、香云纱染整技艺、中秋节（佛山秋色）、庙会（佛山祖庙庙会）、锣鼓艺术（八音锣鼓）、咏春拳（佛山咏春拳）。优越的人文环境为德育课程的实施提供了丰富的资源，将非遗引入幼儿园，可为幼儿提供源于生活的、丰富的教育素材和鲜活的德育实践情境。

（三）区域幼儿园非遗课程实施成效显著

作为首批广东省教育现代化先进区，佛山市的中心城区——禅城区历来重视学前教育的发展，特别是2011年以来，在上级政策的引领下，连续实施三期学前教育行动计划，各级财政性学前教育投入增长近20倍。

2005年，区教育局开始谋划区域学前教育的发展，鼓励幼儿园尝试利用本土资源开发园本课程；2010年，开始探索学前教育区域德育课程建设，并组建20个学前教育发展共同体，由领衔园引领各园开发以非遗为载体的特色课程；2015年，总结经验，推广非遗文化德育课程。课程项目发展至今已历经四个阶段：

1. 综合设计阶段（2005年8月—2010年7月）

区教育局成立项目研究小组，专家顶层设计，系统收集资料，了解幼儿课程现状，学习文献理论，鼓励幼儿园利用本土文化资源开发园本课程实施方案。

2. 承前启后阶段（2010年8月—2015年7月）

区教育局梳理佛山非遗发展脉络，探索以非遗为核心的幼儿园德育课程，组建禅城区20多个学前教育发展共同体，搭建非遗德育课程交流互动平台，贯彻集非遗项目传承人、非遗项目基地、非遗项目领衔园、非遗项目课程实施于一体的实施路径，打造"陶艺、武术、剪纸、食育"四大德育系列课程，形成"4+n+3"德育课程模式，开展以禅城区本土特色为核心的幼儿园德育课程品牌建设。

3. 推广辐射阶段（2015年8月—2020年7月）

区教育局整合非遗文化德育课程资源，梳理研究成果及数据分析，总结推广研究成果，据统计，非遗课程辐射至全市1000多所幼儿园，基于非遗课程与省内外幼儿园交流上百次，接待粤港澳大湾区幼儿园方代表前来学习非遗德育课程数十次，具有品牌影响力。项目研究成果得到了教育部副部长朱之文的充分肯定，也得到了南京师范大学教授虞永平、华中师范大学教授朱家雄的高度赞许，同时，还得到了华南师范大学学前教育系教授袁爱玲、郑福明、蔡黎曼、张博、李群、李思娴，佛山科学技术学院学前教育系副教授钟娟，佛山科学技术学院广府非物质文化研究中心副研究员谢中元等专家教授的指导及帮助，为项目深入研究奠定了扎实、良好的基础。非遗园本课程的实施和推广，为幼儿园德育课程体系建设打下了良好的基础，提供了经验借鉴。

4. 内涵发展阶段（2020年8月—2022年12月）

2020年，禅城区率先在佛山市完成"5080"任务[①]，学前教育走向内涵发展阶段。

---

① "5080"任务，是广东提出的学前教育攻坚计划，即到2020年实现全省公办幼儿园在园学生比例达50%，公办和普惠性民办幼儿园在园学生占比达80%。

禅城区开始谋划"文化润德：基于非物质文化遗产的幼儿园德育课程体系建设"，期望以课程内涵质量构建高质量学前教育质量体系，该项目于2020年11月成功获批广东省新课程保教示范项目，获得了96万元的资金支持，为非遗德育课程发展注入了强大的专业支持、资金支持和政策支持。

（四）实施区域非遗德育课程的困境

"蒙以养正，圣功也。"幼儿教育是基础教育的重要组成部分，是学校教育和终身发展的奠基阶段。儿童是祖国的未来、民族的希望。幼儿园非遗德育目前还存在一些困境，包括在充分发掘非遗与幼儿德育内在关联的研究上处于薄弱环节，可借鉴经验不足；幼儿园对非遗的利用多停留在零散的手工、娱乐层面，从理念预设向课程实践的转化还处于探索阶段；未形成一套完整的以非遗文化为依托的幼儿园德育课程体系，缺乏一定的实操性和区域统筹引领性。

2019年，中共中央、国务院印发的《新时代爱国主义教育实施纲要》提出将爱国主义精神贯穿学校教育全过程，强调从娃娃抓起，着眼固本培元、凝心铸魂，着力培养爱国之情，厚植家国情怀。2022年，教育部印发的《幼儿园保育教育质量评估指南》中提到，要落实立德树人根本任务，进行品德启蒙。但现阶段，在实践中的协同推进不够，指向落地的配套制度尚未成型，导致品德启蒙在实际教育场景中呈现出不均衡、碎片化状态。

二、"童趣非遗"德育课程研究的价值

（一）应用价值

1. 构建具有推广价值的非遗幼儿园德育课程体系

区教育局重点开发小、中、大班"陶品、武德、剪趣、食育、彩扎、粤经典"六大专题课程方案以及配套资源和工具，课程资源可应用推广至佛山其他地区，其他省、市幼儿园以及粤港澳大湾区的其他幼儿园。

2. 培养一批非遗德育课程名师和骨干教师

区一线教师在将佛山非遗资源融入幼儿园德育课程的过程中，不但掌握了非遗资源融入幼儿园德育课程的各种形式，提升了德育课程的设计水平，同时也在研究中学会用理论指导实践，并在实践中反思、总结，切实提升了教学设计、活动指导、多元评价、深度反思的课程组织能力。这有效助力了共同体内幼儿园建设"文化综合素质高、文化综合技能强"的教师队伍，促进了幼儿园非物质文化底蕴的传承和发展。

3. 打造一批非遗德育特色课程标杆园

以非遗德育园本特色课程建设为抓手，建立一批课程质量高、社会知名度高、家长满意度高、幼儿发展水平高的"四高标杆园"，并发挥课程标杆园的示范引领作用，带领共同体内幼儿园共同发展，提升共同体内幼儿园课程质量和育人质量。

4. 创建基于非遗的德育课程基地，实现与文化和教育部门的良性互动

与文化等相关部门进行沟通、协调，推动幼儿园、各大资源基地挂牌，促进幼儿园、家庭进一步利用社会资源，创设佛山传统文化德育课程基地，以"文化之德，教育之美"等项目推动佛山非遗环境创设和课程建设，从而培养幼儿的文化归属感、自豪感，激发幼儿爱家乡、爱祖国的情感。

5. 创新师资培训模式，形成课程研发配套教研机制

目前，禅城区建立专职、兼职教研队伍，形成4个教研片区，创造性地组织教研队伍进行有效的教研活动，解决教育问题，总结实践经验。全区实现"三结合"教师培训体系，即常规与专题培训相结合、园外与园本培训相结合、线上与线下培训相结合。全区成立了20个学前教育发展共同体，每个共同体都由一所"领衔园"带领本共同体内的幼儿园共同研讨，以共同体为研究单位将全区154所幼儿园凝聚在一起。这一举措对成果的应用和推广起到重要的支撑作用，便于共同体形成共研—共建—共享模式，为禅城区普及德育课程开拓先行先试之路。

6. 搭建佛山非遗课程资源库

区教育局建立德育课程资源共研—共建—共享有效机制，利用"互联网+"优势，创新交流分享机制，实行线上线下全面推广，力求共建共享课程成果。通过各园宣传册、亲子非遗绘本、故事集、简报集、案例集、游戏集、教学活动设计、微视频、摄影、文创产品等呈现方式，围绕"双月"（学前教育宣传月和德育月）开设德育课程专项大型非遗德育系列活动成果展，为幼儿园提供交流、展示的平台，创建禅城学前教育德育课程品牌。

（二）学术价值

区教育局打通非遗资源和幼儿德育之间的联结，构建非遗德育课程理论和实践体系，丰富学前教育课程的理论，为其他地区基于传统文化开发幼儿园课程提供理论和实践的范本；以课程体系研发为牵引点，创新区域教师培训和教研新机制，破解课题、培训、教研相分离的难题，建设"课题+培训+教研"一体化研训机制。

综上所述，本项目将以非物质文化遗产为载体，充分挖掘佛山非遗新特色，激活非遗中的德育价值和教育元素，初步形成"政府—高校—社会—幼儿园"四位一体课程建设联动机制，构建基于非遗的幼儿园德育课程资源体系。切实培育幼儿爱家乡、爱祖国的家国情怀，增强文化自信；培养幼儿专注、勇敢、坚强等品德素养，增进民族认同感；培养幼儿基本的社会规则意识，使其养成自觉遵守社会行为规范的个性品质。

第二节 "童趣非遗"德育课程的研究现状

一、学前儿童与传统文化相关研究

在国家大力推行中华优秀传统文化教育的政策背景下，弘扬与传承民族传统文化已逐渐发展为新时期教育工作者的责任与使命。在幼儿教育阶段对文化传承进行探索与实践，萌芽于2006年5月我国第一批国家级非物质文化遗产名录保护工程时期，发展于2014年3月教育部出台《完善中华优秀传统文化教育指导纲要》[①]时期，二者均提及中华优秀传统文化教育。随着2017年2月《关于实施中华优秀传统文化传承发展工程的意见》进一步明确中华优秀传统文化应贯穿国民教育始终[②]，包括幼儿阶段的启蒙教育，自此传统文化教育研究迅速升温，将幼儿文化传承研究逐步推向高潮。

现有相关研究多探讨中华传统文化如何融入幼儿园课程，主要体现在两方面：一方面集中于如何发挥地域文化特色或者少数民族文化特色去开发优秀传统文化资源；另一方面集中于中华传统文化如何融入幼儿园课程某一领域，如教学活动、区域活动、游戏活动等。[③]部分研究强调在启蒙教育阶段通过中华优秀传统文化培养幼儿的文化自信或文化认同。近年来，随着中国的崛起与社会发展进入新时代，文化认同已成为一个重要的学术话题。文化自信落实在教育上，实质是文化认同的问题。已有研究较关注儿童的文化需求、文化能力发展、文化教育援助等问题，有少量研究议及儿童早期的文化认同问题。[④]新时代背景下，从小培养幼儿对中华文化的积极认同关乎国家认同、民族振兴与儿童发展。研究指出，幼儿园必须加强中华文化课程的建设，培养幼儿对中华文化的初步认知和积极情感，促进幼儿养成基本的文化适宜行为。郑然和郭良菁研制了在学前大班阶段文化认同教育目标的启发性框架，帮助教师在进行文化主题活动时，更清晰地把握具体教育目标及目标层次关系。[⑤]

学前阶段是幼儿接受各类文化的启蒙阶段，在幼儿园开展非物质文化遗产教育

[①] 中华人民共和国教育部：《完善中华优秀传统文化教育指导纲要》，见中华人民共和国教育部网（2014-04-01.http://www.moe.gov.cn/jyb_xwfb/gzdt_gzdt/s5987/201404/t20140401_166524.html000）。
[②] 中共中央办公厅：《国务院办公厅印发〈关于实施中华优秀传统文化传承发展工程的意见〉》，见《人民日报》，2017年1月26日。
[③] 喻霞：《中华传统文化融入幼儿园课程的研究》（硕士学位论文），安徽师范大学2020年，第1-45页。
[④] 彭茜：《论幼儿的文化认同及促进策略》，载《幼儿教育》2021年第23期，第26-30页。
[⑤] 郑然、郭良菁：《文化认同早期阶段教育目标框架研制》，载《幼儿教育》2021年第36期，第14-19页。

活动对幼儿具有重要的启蒙意义。①非物质文化遗产融入幼儿园课程的相关研究大多集中于非物质文化遗产的传承、非物质文化遗产课程资源开发、非物质文化遗产启蒙教育和促进教师专业发展等。

针对幼儿开展的非物质文化遗产启蒙教育（以下简称"非遗启蒙教育"）对于树立民族文化情感、弘扬传统文化精神、提升非遗文化素养、培养非遗传承人至关重要。张血玲指出在幼儿园开展非物质文化遗产教育活动时，应突出传承非物质文化遗产内在的精神内涵和文化内涵，从而建立起幼儿对家乡、民族、国家的文化认知和文化认同。②兰志娟认为幼儿园是接受教育的预备阶段，非物质文化遗产进入幼儿园能够及早地将非物质文化遗产的种子植入幼儿心里，帮助他们建立文化认知、培养民族文化自觉和社会主义核心价值观。③

二、传统文化与幼儿德育相关研究

不少学者立足传统文化探究其中的德育资源和德育价值。其中较有代表性的是石书臣的《中国优秀传统文化与现代德育的内在联系》，文中指出文化具有德育的作用，德育则具有内在的文化属性。传统文化与现代德育存在着密切关系，一方面传统文化可以为现代德育提供丰富的资源，另一方面德育也是弘扬传统文化的有效路径，二者相互促进。④胡琦从传统文化的基本范畴和内涵入手，认为传统文化对德育的价值体现在道德原则、道德理想、道德氛围、道德情感4个方面，把握好传统文化中这些德育精髓，将有利于激励学生去追求崇高的道德和人生价值信仰。⑤王德彬认为现代德育构建的基础在于文明，而文明的源头是中华民族优良的传统文化，传统文化中蕴含的丰富德育思想对于现代德育有着重要的价值导向。⑥武汉大学中国传统文化研究中心教授郭齐勇先生在《中华优秀传统文化是社会主义核心价值观的土壤与基础》中，立足博大精深的中华优秀传统文化，指出传统美德是中华文化之精髓，强调要增强文化自信和价值观自信。⑦

---

① 何宁秋：《民间文学类非物质文化遗产融入幼儿园教育研究》（硕士学位论文），信阳师范学院2020年，第5-14页。
② 张血玲：《幼儿园传承非物质文化遗产的原则与路径》，载《内江师范学院学报》2017年第3期，第115-118页。
③ 兰志娟：《在幼儿园中推动非物质文化遗产传承的思考》，载《基础教育研究》2019年第19期，第27-29页。
④ 石书臣：《中国优秀传统文化与现代德育的内在联系》，载《思想理论教育》2012年第3期，第29-34页。
⑤ 胡琦：《中华优秀传统文化的德育价值及实现策略》，载《中国高等教育》2016年第17期，第34-36页。
⑥ 王德彬：《浅析我国传统文化对现代德育的影响：评〈中国传统文化的价值与现代德育构建〉》，载《中国教育学刊》2016年第6期，第121页。
⑦ 郭齐勇：《中华优秀传统文化是社会主义核心价值观的土壤与基础》，见《光明日报》，2014年4月2日。

中国传统文化中关于道德的内容有很多，特别强调修身立德，其"仁、义、礼、智、信、忠、孝、节、勇、和"的核心理念可以用来引导儿童做事和做人。① 大多数学者探讨了传统文化对幼儿德育的重要作用。对学前儿童实施中华传统文化启蒙教育，主要目的在于初步培养幼儿对民族文化的尊崇、认同和热爱，初步培养幼儿与优秀传统文化价值观相一致的道德认识、道德品质以及道德行为，并为在实践活动中长期孕育出来的价值观念、思维方式、行为态度等奠定基础。② 中华优秀传统文化博大精深，在重视其的基础上挖掘传统文化资源，融入幼儿园课程后，会带来良好的文化交融成果，为幼儿从小培养热爱祖国的情感和民族认同感打下基础。③ 中华传统文化融入幼儿园课程，可以让幼儿初步了解一些传统文化的内容、形式、社会文化背景及文化背后的精神含义，切身感受祖国文化的丰富和优秀，增强对传统文化的敏感性，激发对传统文化的认同感和归属感，以及爱家乡、爱人民、爱祖国的情感，最终树立起文化自觉和文化自信。

也有少数学者说明了非物质文化遗产对幼儿德育的发展价值。非物质文化遗产是中华优秀传统文化的重要组成部分，具有涵育核心价值观和爱国主义情怀、培养创新精神和审美意识、磨炼意志品质等多种德育价值。张继林和陈德艳指出，非物质文化遗产具有丰富的内涵与价值，具有重要的启蒙教育价值，对幼儿道德认知、道德情感、道德意志、道德行为有着重大影响。④

三、研究的不足

通过对已有文献进行归纳和梳理，本研究发现近年来中华传统文化教育已经成为幼儿园课程建设的重要关注点，这表明目前国内对于中华传统文化融入幼儿园课程的重视度较高。尽管中华传统文化对德育发展的价值得到了众多学者的认可，但仍存在以下不足：

在研究对象上，目前国内将传统文化教育与德育相融合开展的研究很多，但主要集中在高校大学生这个领域，而在低龄幼儿群体中开展传统文化教育与德育相融合的研究较少。

在研究内容上，已有的幼儿园传统文化教育与德育相融合的研究多聚焦于对感

---

① 冯丽、徐桂华：《文化自信背景下儿童传统文化教育的途径探究》，载《教育实践与研究》2020年第2期，第62-64页。
② 冯玉华：《文化自信视角下学前儿童中华优秀传统文化教育探究》，载《延边教育学院学报》2021年第2期，第4-6页。
③ 于春海、杨昊：《中华优秀传统文化教育的主要内容与体系构建》，载《重庆社会科学》2014年第10期，第67-75页。
④ 张继林、陈德艳：《非物质文化遗产启蒙教育对幼儿道德品质发展的影响》，载《山东师范大学学报（人文社会科学版）》2008年第6期，第105-109页。

恩、礼仪、品格等相关道德品质的培养上，或探讨中华优秀传统文化在幼儿园教育中的应用途径和策略、传统文化资源在幼儿园的开发情况，以及幼儿园传统文化园本课程的个案研究，较少系统地探究传统文化对幼儿德育的整体影响，或构建系统的幼儿德育课程体系。

在研究方法上，传统文化融入幼儿园课程的研究以实践研究为主，但传统文化教育与德育相融合的实践研究较为薄弱，多以理论思辨为主，内容单一，不够系统。

综上所述，本研究立足新时代中华优秀传统文化传承和德育要求，以中华传统文化的重要组成部分——非物质文化遗产为载体，探索并开展幼儿园德育实践，构建系统的幼儿园德育课程体系，致力于实现文化润德、浸润童心。

第三节 "童趣非遗"德育课程的研究保障

最美教育，始于幼学。习近平总书记强调："要加强对基础教育的支持力度，办好学前教育。"2011年以来，在国家、省、市学前教育发展的政策指引下，佛山市禅城区委、区政府高度重视学前教育民生事业，持续优化教育资源，加大财政投入，致力于摸索有效举措促进全区学前教育整体均衡优质发展。

在禅城区委、区政府的支持指导下，禅城区教育局开启了学前教育发展共同体探索之路，并以实施学前教育三年行动计划为抓手，采取各种措施实现全区140所幼儿园的共同发展。2013年，随着禅城区（以下称"我区"）办学管理体制改革的全面实施，"一级办学、一级管理"发展格局的推进形成，我区在省内率先全面组建了学前教育发展共同体。

十载耕耘，同心筑梦。通过凝心聚力、稳扎稳打，不断探索新经验、搭建新载体、推出新举措，我区学前教育逐渐形成了一套符合实际、系统完备、运行有效的发展共同体"四个一"工程模式：顶层设计工程、管理机制工程、教师提升工程、幼儿成长工程。如今，在"名园"带"民园"的辐射效应下，我区学前教育发展共同体捷报频传，实现了管理经验共享、办园行为互促、优秀资源互派、教科研工作互动，推进了全区幼儿园结对组团、合作共赢、高质发展、整体提升，使"弱的变好，强的更优"。

一、顶层设计工程：制度化谋划标杆

学前教育发展共同体的最大特点，就是充分发挥示范性幼儿园的辐射作用，推进区域幼儿园结对组团共同发展，促进区域内学前教育质量的整体提升。其中，共同体的制度设计是首要任务和关键环节。

在充分总结先行先试园实践经验的基础上，我区制定了《禅城区学前教育发

展共同体实施方案（试行）》，并下发了《佛山市禅城区教育局关于进一步深化学前教育发展共同体工作的通知》，主要规划：以"共同发展"为目标，以"资源共享、机制共建、优势互补、互惠共赢"为合作方式，优质"名园"通过竞争成为领衔园，每届任期三年，期满后重新评定；区教育局每年对各领衔园带领的共同体上一学年工作、科研情况进行考核，对考核合格者给予共同体活动经费补助；区教育局每年还对领衔园的工作进行考核，对考核合格者给予奖励。对此，我区有针对性、系统地规划了"四招"。

（一）实事求是，持续优化模式

我区共同体不断顺应新时代需求，形成与自身特色更适应的发展模式。例如，在成立之初，共同体的划片方式多是遵循就近原则，以祖庙、石湾、张槎、南庄等片区进行划分，领衔园和成员园都属同一片区。经过实践总结，现在每个园都可以根据自身的特色课程或理念内涵，跨片区自主选择更对口的领衔园，加入"菜单式"定制的共同体，扬长项、补短板，此举使共同体更能齐头并进，把特色做到极致，从而凝聚成推动幼教高质量发展的强大合力。

（二）健全机构，制订活动计划

各共同体成立由领衔园园长为组长、成员园园长为组员的工作协调小组和执行小组，各园另设联络员负责对接。各领衔园须到成员园实地调研，牵头搭建共同体管理架构，并填报学年活动计划及预算表。

（三）园际联动，实现共同发展

一是管理经验共享：领衔园要在制度建设、干部培养、保教队伍建设等方面给予成员园具体指导。二是办园行为互促：领衔园须对成员园在等级评估、园舍环境和设施、保教工作、卫生保健、儿童发展、资料建设、安全保障等方面进行指导和监督，促进各园规范发展。三是优秀师资互派：通过开展联园师资培训、园本教研、师徒结对、同伴互助互励等方式，促进教师的专业发展。四是教科研工作互动：各园应通过共享教科研计划与活动等方式实行教研互动，领衔园要定期组织教科研交流及教科研成果分享活动，成员园也应定期承担公开教育教学活动。

（四）做好规划，定期开展活动

首先，各共同体定期召开由园长、联络员组成的共同体联席会议，规划整个共同体的发展，制订共同体工作实施方案及年度工作计划，并设立项目小组负责实施。其次，要求一月一主题，园长、骨干教师、青年教师、其他保教人员分层次、分类做好规划落实工作。最后，要求各共同体园长、骨干教师总结近年来共同体对教师专业发展的具体做法和促进作用，撰写主题论文进行总结、分享。

二、管理机制工程：常态化护航促蝶变

精华在笔端，咫尺匠心难。如何把幼儿园和共同体办好、办活，是学前教育发

展共同体为之奋斗追求的目标。为此，我区通过四大管理机制，致力于做好"共"字文章，实现"共创、共建、共享、共赢"。

（一）领衔园竞争性选拔机制

为进一步发挥领衔园示范引领、融合协调、辐射服务的作用，根据《佛山市禅城区教育局关于开展学前教育发展共同体第X届领衔园竞争性选拔的通知》文件精神，经幼儿园自愿申报、公开演讲答辩、现场评审、选拔公示等环节，我区每届遴选20所幼儿园成为领衔园。其中，领衔园选拔共有4个一级指标和13个二级指标，包括办园规模、办园条件、社会声誉、保教管理等办园状况，资格达标、教学改革、师资队伍等师资水平，办园特色、教科研质量、教学质量等办学成果，必要性、可行性、效益性等活动计划。与此同时，我区也建设了"两大保障体系"。一是制度建设：区教育局在领衔园任期期满后会对其进行重新评定，对工作成效低下者，将取消其领衔园资格。二是经费补助：区教育局每年安排学前教育专项经费给通过考核的小组，经费由领衔园用于共同体内教研和科研活动、跟岗培训等；同时，对于符合要求的领衔园另予以补助。截至目前，我区先后于2015年、2018年、2021年进行了共同体的重新组合，通过竞争方式确立了每届20个共同体，由20个优质"名园"作为领衔园，平均每所领衔园帮扶7所结对园。经实践检验，领衔园的"竞争上岗"机制，有利于增强共同体工作计划性、明确共同体发展目标、广泛调动幼儿园自主发展的积极性，推动我区幼儿园共同发展。

（二）工作推进会议机制

我区定期组织全区幼儿园园长、学前教育兼职教研员等，举办共同体工作推进会议。会议内容包括各领衔园园长阐述年度共同体工作计划、总结部署等。同时，会议要求新型公办园通过总园、分园、教师成长等视角，领衔园、成员园通过共同体视角提供总结性论文进行分享交流。例如，2022年我区通过"线上+线下"形式召开工作推进会议，大家就人才扶持工程、优质品牌打造和共同体协同共赢等方面展开深入交流探讨。会议还就扶持"三名人才"[①]成长计划、创建普及普惠区、督导评估、教科研一体化，以及青年教师专业能力大赛、保教质量评价、"文化润德"项目、共同体品牌项目、全区幼小衔接项目、成立中心教研组、组织系列培训等各项工作，进行了阶段性总结和精心部署，并进一步解读了名园长、名教师、名班主任等系列多层级甄选方案。

（三）运行情况深调研机制

为及时了解共同体运行至今存在的相关问题及下一步完善的方向，推动党建工作与共同体工作的高度融合，结合共同体改革与"新课程"资源体系构建、集团化、新型公办幼儿园等最新趋势与要求，我区成立专项调研小组，定期深入各共同

---

① "三名人才"指《佛山市禅城区"三名人才"管理办法》中的学科教学、德育管理、学校管理三系列中的"领军人才"（首席教师）、"名师"、"骨干"三层级共九类人才。

体开展深入的调研活动。调研组成员包括禅城区教育局领导、业务科室人员、广东省立项项目主持人、所在片区兼职教研员等。访谈对象包括各领衔园园长、代表幼儿园园长和幼儿园教研人员代表、骨干教师代表、普通教师代表等。调研采取现场观摩与座谈会调研相结合的方式，覆盖全区20个共同体领衔园。调研内容包括幼儿园党建引领情况、共同体运行情况及下一步调整计划、非遗德育课程资源体系建设情况等方面，力求做到一次调研即达成调研目的。

（四）送教下乡和课例共研机制

为充分发挥领衔园辐射效应、带动区外学前教育共建共享、寻求携手共赢的更大"同心圆"，我区建立了跨区域的送教下乡和课例共研机制。一方面，我区积极"走出去"，开展跨区培训交流，如应邀赴顺德区陈村镇、乐从镇，以及珠海、广州、清远、惠州等地进行学前教育保教质量提升培训，就共同体的定义与功能特点、禅城区学前教育发展共同体发展情况以及共同体发展规划等方面，向业界同行分享了禅城区学前教育经验。另一方面，我区定期开展送教下乡研讨活动，如2022年6月，区教育发展中心赴罗定市开展2022年度送教下乡研讨活动，领衔园园长卢江碧、孔敏仪、关丽红分别将"利用本土资源开展幼儿园自主游戏：以佛山民间艺术小社团为例""以文化为根塑造园所品牌""上善若水，润物无声：紫南幼儿园'上善课程体系'的实践与感悟"等精品课程送教至罗定市。这一场场有温度、有实效的学前教育思想交流会，为区域教师间的教学交流搭建了一个良好的平台，提高了课堂教学效率，提升了教师整体教学教研水平和专业素养。

三、教师提升工程：项目化造就名师

师者，乃立教之本、兴教之源。作为人之初阶段的启蒙教育，教师的作用尤为关键。幼儿园教师队伍职业素质的高低，直接影响学前教育质量的好坏。

（一）构建区域学前教育教—科—研—训立体式教师发展模式

我区组建了教—科—研—训立体式团队，成立区级学前教育专业委员会、中心教研组、兼职教研员团队、名师名园长工作室团队。我区还构建了"三环"区域学前教育发展模式：以"课题研究指导—研究过程学习—成果展示交流""师风师德建设—教学能力培养—家园共育指引""教研工作领衔制—科教联动共研制—经验分享互学制"作为教师教科研训全流程三大闭环。发展内容又细分为"四维五板块"，五个板块内嵌在四个维度当中：培养方针（政治思想、职业道德、理论素养、专业知识、教学实践）、内涵发展（科学赋能、轮岗跟岗、赛教平台、送教进园、园本研修）、措施体系（名师培养基地、专家诊断指导、集体教学研讨、梯队阶段式培养、青蓝工程全程实战成长）、评价体系（师德师风、教育教学、保教工作、科研荣誉、环境创设）。这不仅解决了教、科、研、训彼此间融合度不够的问题，实现了幼儿教师专业的可持续发展，还让教、科、研、训更加切合园本发展与儿童身心发展需求，从而促进了学前教育质量的整体提升。

（二）以两个"重点工程"激发优质师资新活力

一是实施队伍达标工程，加快幼儿教师任职资格提升。二是实施分层培养工程，形成培养领头雁、培育排头兵、培植新苗子等师资培养体系。其中，培养领头雁，主要为定期开展共同体领衔园园长、区域兼职教研员、骨干教师培养活动，系统开展现场学习研讨活动；培育排头兵，则是面向幼教干部、教研员、园长开展"非遗课程建设"系列专题培训；培植新苗子，指以共同体领衔园为帮扶主体，与共同体内成员园开展师徒结对活动，通过广泛开展各类活动，进一步完善人才培养机制。

（三）实施教师综合素养提升工程

为推动幼儿园开发学前教育课程资源，充分利用优秀传统文化资源进行有效教学，进一步促进幼儿园德育课程、非遗课程的构建与实施，我区定期开展教师综合素养提升工程暨"名师伴我行"系列活动。活动对象包括20个领衔园的项目负责人和管理员、学前教育兼职教研员等。活动内容注重务实性和丰富性，如2021年度的内容包括学习故事（新西兰学习故事的概念、我区如何结合国外实际开展学习故事）、相信儿童和聚焦学习（核心理念、四大教育原则）、好奇的老师爱观察（观察儿童的技巧、观察儿童的方法）等。同时，活动还要求各幼儿园狠抓教学研究工作和教师队伍建设，推动幼儿园园本化课程构建，致力于培养一批具有良好职业道德、掌握非遗技艺专业知识和专业能力的教师；园长教师学习时要做到有思考、有体会，学习后有行动、有方案、有策略，推动区域教师专业发展和园本内涵发展。

（四）做好教研和经费保障

教研方面，我区以"一室四片八格"（一个指导室、四个片区、八个教研组）为核心，以幼小衔接工作为落脚点，通过各类教研活动，培养青年教师、加强兼职教研员队伍建设，扎实有效地开展教科研工作。经费方面，我区为各共同体提供专项经费，广泛开展青年教师说课比赛、幼儿教师专业能力大赛、幼儿园区域质量评比等活动，进而促进各园互帮互学，以实际行动践行《3~6岁儿童学习与发展指南》的理念。为防止和纠正学前教育"小学化"行为，积极推动幼儿园游戏化课程及幼小衔接工作，我区还根据领衔园的实际情况，给予共同体学前教育发展工作经费。

目前，我区通过共同体模式有效促进了教师的专业发展，骨干教师教职工持证上岗占比在85%以上；大专学历教师（含保健医生）占比在75%以上。教师普遍树立了正确的教育观、儿童观，符合《幼儿园教师专业标准》要求，教育教学水平持续稳步提高。同时，各领衔园选定《3~6岁儿童学习与发展指南》中的一个领域重点突破，带领各成员园开展实践研究，以专题培训、送课到园、集中研讨等方式进行分类指导，提高了教师的专业水平和能力。

四、幼儿成长工程：多元化赋能育人

幼儿是幼儿园的主体和主人。我区学前教育共同体秉承优学、宜学的教育宗旨，通过三大举措，促进每个幼儿全面、和谐、健康、富有个性地发展。

（一）领衔园辐射带动聚焦课程促成长

为给我区幼儿提供全面发展的成长乐园，共同体领衔园从管理经验、课程建设等方面充分发挥示范引领作用，构建了包括体育、剪纸、陶艺、武术、彩扎、食育、国学经典、传统文化社团等在内的多元化特色课程，形成了可供各园推广使用、深受幼儿喜爱的课程体系，并积极地使共同体内各园联动起来。同时，我区又通过率先成立学习故事工作坊，促使教师发现幼儿的可贵片段，通过撰写微型学习故事，将所思所感整理成课程故事，以幼儿发展为本，形成促进幼儿和谐成长的教育教学经验。

（二）根植本土文化，促进幼儿德育发展

深入挖掘和利用本土优秀文化和非遗资源，在共同体机制下积极探索各具特色的园本课程建设，并全面融入幼儿园的一日活动中，让幼儿在潜移默化中得到佛山本土文化的浸染，感受德育魅力，成长为爱家乡、爱人民、爱祖国的新时代幼儿；积极推进教师专业化发展，共启品质教研，使教师成为能看得见幼儿改变、能发现幼儿兴趣、能支持幼儿成长的坚实后盾。

（三）协同共同体推进幼小衔接教育

幼小衔接是孩子成长的重要转折点，对幼儿今后的可持续发展具有重大意义。为协同共同体推进幼小衔接教育的效能，我区积极开展幼儿园适应性教育，由共同体幼儿园联合小学开展小学校园参观体验活动；通过园校共研，进行有效衔接，针对幼儿自主学习能力、主动探究能力、学习兴趣、学习品质进行策略探究和深度培养，为幼儿园和小学的双向衔接架起了"纵深式"学习和交流的平台。

第二章　"童趣非遗"德育课程的核心概念与理论基础

第一节 "童趣非遗"德育课程的核心概念

一、非物质文化遗产

按照2003年联合国教科文组织《保护非物质文化遗产公约》的界定，非遗是指被各社区、群体，有时是个人，视为其文化遗产组成部分的各种社会实践、观念表述、表现形式、知识、技能以及相关的工具、实物、手工艺品和文化场所。

2011年颁布的《中华人民共和国非物质文化遗产法》所称非物质文化遗产，是指各族人民世代相传并视为其文化遗产组成部分的各种传统文化表现形式，以及与传统文化表现形式相关的实物和场所。非遗包括：传统口头文学以及作为其载体的语言；传统美术、书法、音乐、舞蹈、戏剧、曲艺和杂技；传统技艺、医药和历法；传统礼仪、节庆等民俗；传统体育和游艺；其他非物质文化遗产。属于非物质文化遗产组成部分的实物和场所，凡属文物的，适用《中华人民共和国文物保护法》的有关规定。佛山非遗，指佛山人民世代相传并视为其文化遗产组成部分的各种传统文化表现形式，以及与传统文化表现形式相关的实物和场所。

二、幼儿园德育

道德是人类社会特有的现象，它是人在面对与自然的关系、与他人的关系、与社会的关系时对自己提出的要求，是自己作出的选择性反应。幼儿道德教育是道德教育的起始阶段，指教育者按一定的社会要求，并根据幼儿身心发展的特点和实际情况，有目的、有计划地对幼儿进行教育，为培养年轻一代的思想品德打下基础。根据幼儿的年龄特征和道德发展水平，幼儿德育总体上应定位于品德教育，即培养幼儿良好的品德、文明习惯和性格，引导幼儿在与周围同伴和成人的交往过程中，学会如何处理人际关系，遵守日常生活中的行为规则，并逐渐培养良好的行为习惯。

三、非遗幼儿园德育课程

佛山非遗具有丰富的社会主义核心价值观元素，蕴含讲仁爱、守诚信、崇正义、尚和合等主流价值。比如，赛龙舟等竞技类非遗蕴含自强不息、勤劳勇敢、英勇无畏的民族精神；龙舟说唱等口头传统类非遗折射出扶危济困、抑恶扬善、乐善好施的人文情怀；醒狮、舞龙等民间舞蹈游艺类非遗蕴含团结、友爱、奋进精神；海天酱油、盲公饼等老字号类非遗展示着童叟无欺、诚实守信等为人、为医、为商之道；粤剧、粤曲等表演艺术类非遗展示岭南曲词、音乐、美术、表演之美；剪纸、彩灯等民间美术类非遗呈现巧夺天工、精妙绝伦之艺。① 对幼儿来说，幼儿德育是培养其知情意行的过程，而佛山非遗中涵盖的主流价值可以与幼儿道德情感、认知及能力一一结合，发挥其德育的整体功能，所以说，佛山非遗能够展示出佛山民众求真、务善、尚美的情怀品质，是用于开展佛山幼儿德育、构建幼儿德育课程的地方文化资源宝库。

第二节 "童趣非遗"德育课程的理论基础

基于非遗的德育课程汲取了哲学、教育学、心理学、神经科学等方面的理论。作为一种新的课程体系，它不是一种孤立的理论体系，而是置于多层次的理论体系，是从多元角度构建的以非遗为滋养工具的一种新课程模式。

一、儿童哲学与道德教育

儿童哲学与道德教育息息相关，儿童哲学不仅关注儿童的批判性思维和创造性思维，其关怀性思维也越来越受到关注和重视。儿童哲学以团体探究为主要教学方式，具有对话的特征。

（一）关怀性思维

就儿童哲学的意义或价值来说，教育界的同仁已经有了比较清晰的认识，主要集中在儿童的思维发展方面，早期更关注批判性思维和创造性思维，近来开始关注团体协作、交往沟通和关怀思维等层面。② 儿童哲学的课程目标近来则拓展至关怀思考力层面，并开始融合当前课程改革的热点——核心素养，因而同时强调了团体协作力和交往沟通力。

李普曼（M. Lipman）是儿童哲学的最早提出者，他早年提出关于这个项目的教育理念时，首先强调的是批判性思维，其次也非常突出关怀性思考。③ 对李普曼来说，批判性思维是哲学探究中最为重要的因素，但是，他也同样重视哲学探究中的情感性因素。李普曼从社会和个人两方面总结出关怀性思考所涉及的五种类型：承认性、积极性、规范性、情感性、同感性。李普曼指出，儿童哲学亦"有助于道

---

① 谢中元：《非物质文化遗产与核心价值观传播》，载《四川戏剧》2015年第9期，第58—61页。
② 高振宇：《中国儿童哲学研究三十年：回顾与展望》，载《教育发展研究》2019年第15期，第70—79页。
③ 杨妍璐：《儿童哲学：一种基于"关心"的教育》，载《北京教育学院学报（社会科学版）》2017年第6期，第40—46页。

德教育",能增进伦理概念的理解。① 哲学探究中,儿童时常会表达自己的情感,这是基于他们的道德性思考。

(二)团体探究

罗伯特·费舍尔(Robert Fisher)认为,儿童哲学有助于创造道德教育的情境,提高讨论参与者的道德水准和社交能力。② 儿童哲学以团体探究为主要方式,继承了苏格拉底式对话的特征,在开展过程中通过趣味故事、开放问答以及民主对话的方式促进儿童实践智慧的成长。

儿童哲学与伦理教育在教学上强调形成一种"哲学教室",即"探究团体"(community of inquiry)。③ 探究团体是美国实用主义哲学家皮尔士(C. S. Peirce)提出的,他认为哲学探究可以依照一定的程序,以团体讨论、合作的方式完成。教师利用日常生活经验引发儿童思考,这种融合生活经验的哲学思考被称为"3C思考":一是批判性思考(critical thinking),是指思考自己为何这样想,别人为何那样想;二是创造性思考(creative thinking),是指探究有原创性的想法;三是关怀性思考(care thinking),是指进行团体讨论时,会考虑他人的感受。好的思考不仅应具有批判性和创造性,还要有关怀性,让儿童在团体中学会"主动为自己思考"(thinking for oneself),而非被动地接受灌输。

儿童哲学的探究团体建立在全新的人我关系上,鼓励教师放下既定框架、权威和身段,与儿童"同在一起",一同成为学习者;鼓励同侪之间培养合作的共学关系和追求共同成长的教育目标。探究团体能培养成员之间彼此的"道德信任"(moral trust)。

儿童哲学隐含的道德教育之潜在价值,能培养儿童的信任度和忠诚度。儿童哲学课堂的本质是一种"仪式化的参与"(ritualized participation),如围圈共读、提问、票选、轮流发言、倾听、讨论和最后的评鉴等。儿童哲学让儿童学习尊重与自己不一样的人,甚至是他们不喜欢的人,也学习慢慢敞开心胸,去理解他人的不同,去接受异己,而这种学习不仅是"听懂了道理"的学习,更是亲自去实践后的感悟,也就是说,儿童哲学潜在的道德教育能促成知行合一。

(三)对话

从关心伦理学角度出发,对话是道德教育的重要组成部分之一。对话在诺丁斯(N. Noddings)看来是相互关心的基础,关心他人需要知识和技巧,也需要一定的个性、态度等非智力因素。儿童哲学允许所有参与的儿童在对话中表达各自的心声,鼓励儿童之间互相倾听与关心。儿童哲学企图通过思考与对话来唤起儿童对世

---

① 高振宗:《儿童哲学的再概念化:对李普曼与马修斯"对话"的再思考》,载《学前教育研究》2010年第6期,第8-11、24页。
② 郑敏希:《儿童哲学:一种适应道德教育转型的新尝试》,载《教育科学研究》2020年第9期,第5-9页。
③ 刘乃华:《儿童哲学与伦理教育》,载《学前教育研究》2007年第12期,第7-9页。

界的关心，因为未来我们需要的是会感觉、会关心、会思考的人。

儿童哲学的诞生打破了传统理念上对儿童认识的浅表化倾向。儿童哲学肯定了儿童在学习活动中的主体作用，重视儿童独立思考的价值，强调通过群体探究的方式实现教育的目的，师生平等合作、多向互动。①

二、心理学理论基础

（一）社会直觉理论和双加工理论

道德心理学对道德判断心理机制的解释主要有两大模式，即理性模式和情感模式。以皮亚杰、科尔伯格等为代表的理性模式认为道德判断主要是理性推理的产物。在很长一段时间内，道德判断研究一直以理性主义模式为主，主要以科尔伯格的道德认知发展阶段理论为代表。②然而，道德心理学情感革命以来，出现了诸多批评传统理性主义模式的新理论，其中包括社会直觉主义模型（Social Intuitionist Model，SIM）和双加工模型（Dual-Process Model，DPM）。研究者们倾向于整合认知和情感过程，构建一个包含直觉和理性两种加工过程的理论模型，以全面理解道德判断的心理机制。他们认为道德判断的加工过程同时包含道德理性和道德直觉。

2001年，乔纳森·海特（Jonathan Haidt）提出的社会直觉主义模型被视为对理性主义模式的替代。③克里尔曼（D. Kliemann）等人借助功能性磁共振功能成像（fMRI）的实验结果为社会直觉主义模型提供了重要证明。格林（J. Greene）认为大脑之所以采用道德判断的双加工机制，在于为了日常生活的迅捷反应，我们需要拥有一套快速的直觉判断机制；与此同时，现实世界环境的复杂多变，使得我们需要一套可以灵活解决直觉所无法解决问题的机制。④格林将大脑道德判断的双加工机制比喻为具备自动和手动两种模式的相机，我们可以为了效率和灵活而在自动和手动模式之间进行切换。⑤

这些研究的结论包括：一是道德判断不完全符合以皮亚杰和科尔伯格为代表的认知学派所主张的理性主义模式，道德判断不完全是认知加工主导的，而是直觉（情绪）和理性（认知）共同参与的。二是有意识地设计环境（情境）能影响个体的道德动机和行为，如利用心理距离效应、锚定效应等设计德育环境能预测或改变

---

① 方红：《儿童哲学研究的回顾与前瞻》，载《湖南师范大学教育科学学报》2011年第10期，第102-105页。
② [美]泰勒、桑斯坦：《助推：如何做出有关健康、财富与幸福的最佳决策》，刘宁泽，中信出版社2015年版，第7页。
③ 梁明月、刘争先：《德育助推：关照道德直觉的德育实践》，载《教育发展研究》2022年第4期，第35-39、84页。
④ [美]海特：《正义之心：为什么人总是坚持"我对你错"》，浙江人民出版社2014年版，第3-49页。
⑤ 梁明月、刘争先：《德育助推：关照道德直觉的德育实践》，载《教育发展研究》2022年第4期，第35-39、84页。

人的道德动机或道德行为。

（二）班杜拉社会学习理论

班杜拉在继承与发展了心理学家赫尔、米勒、多拉德等人"社会学习""模仿理论"观点的基础上，提出"观察学习"（又称"替代性学习"或"无尝试学习"）理论，全面、深入地阐述了社会学习理论，推动了观察学习的大量相关研究，其社会学习理论对学前教育具有重要的启示和价值。①

1. 三元交互作用论

行为主义心理学家认为人的行为是由外部刺激引起的，但依据社会认知的观点，行为不仅是由外部刺激引发，也不只受内部因素驱使，而是由二者共同决定的。因此，班杜拉提出了三元交互作用理论，阐释了个体、行为、环境三者之间的紧密联系和相互作用。② 因此，我们在审视幼儿某一道德行为时，也要结合其自身的认知水平、认知风格、家庭环境等因素来进行细致的分析，判断其道德发展现状，进而提出适宜其发展的教育措施。

2. 观察学习

社会认知理论将学习的发生途径分为行动性学习和替代性学习。行动性学习的关键在于实际的行动和体验，强调从"做中学"，而替代性学习是一种通过观察、聆听榜样的具体行为及其强化性结果而习得新行为的途径，强调"观察榜样"。③ 根据观察学习理论和幼儿模仿的天性，幼儿将通过对榜样行为的注意、保持、再现、强化的过程，将这一行为内化到自我的认知图式之中，成为自我行为本身的一部分。因此，我们既要重视榜样对幼儿道德发展的正向推动作用，也要规避反向角色表现出的反社会行为对幼儿道德发展产生的消极影响。

3. 自我效能感

自我效能感是指人们对自己能否成功地进行某一行为的主观判断，指个体相信自身能够达成某一行为，对这一特定能力的感知，其能够达成的信念越强，行为表现就越积极。④ 自我效能感主要受个体自身行为经验的影响，个体实际表现为自我效能感的评估提供了最有效的信息，除此之外，个人的情绪状态、他人的鼓励和替代性经验也会影响自我效能感。因此，我们应当关注自我效能感和自主性对幼儿发展的推动作用，创造机会让其亲身实践并体验成功感，同时，以发展的、动态的、生成的眼光全面看待幼儿，突破单一维度的限制，给幼儿提供支持的环境，从而促进其认知和行为的发展。

因此，在开展非遗德育课程时，应发挥社会学习的作用机制。首先，充分利用

---

① 沈莉萍：《试论班杜拉社会学习理论的道德发展观》，载《教育探索》2001年第1期，第67–68页。
② 沈莉萍：《试论班杜拉社会学习理论的道德发展观》，载《教育探索》2001年第1期，第67–68页。
③ 姚蓝：《试论班杜拉的社会学习理论：观察学习》，载《遵义师范学院学报》2003年第2期，第49–50页。
④ [美]申克：《学习理论：教育的视角》，韦小满等译，江苏教育出版社2003年版，第76页。

佛山非遗文化环境资源、各种社区资源、民间资源以及幼儿园资源，让幼儿在不知不觉中接受熏陶和浸染。其次，幼儿的道德品质是在活动和交往的实践过程中形成和发展起来的，教师应注重幼儿在实际中对非遗文化的体验和探索，让幼儿运用自己的多种感官去感受和体验非遗技艺和非遗文化精神，通过长期反应性的实践形成道德品质。最后，作为幼儿身边重要的他人，教师、家长要充分发挥榜样的作用，提高自身非遗文化的素养，以身作则，同时为幼儿提供了解其他榜样（如非遗传承人所展现出的精神）的机会，帮助幼儿树立榜样，并学会欣赏榜样。

三、神经科学理论基础

具身道德理论认为身体及其活动方式与道德心理、道德行为相互作用，其主要强调身体经验、身体与环境的相互作用对抽象道德概念产生的影响。[1] 具身道德以梅洛、庞蒂的知觉现象学为基础。梅洛、庞蒂认为身体的感知觉是个体主观认知的建构者，身体是道德认知的发源地，他们提出道德根植于身体与世界的相互作用，并受脑、生理、神经以及身体的约束。具身道德的原理是个体以身体感知经验为中介，将抽象的道德概念转化为具体的认知过程，并进一步将道德概念以知觉符号的形式储存在大脑中。当再次认知抽象的道德概念时，个体将会自动调动相关的感知经验，后经由大脑还原或模拟对客体产生的认知体验。[2]

我国学者孟万金教授通过对世界道德具身认知机制研究的跟踪，扎根中国优秀的"修身"传统，率先提出了"具身德育"（embodied moral education）这一专门术语，创立了具身德育新体系。[3] 具身道德是人体及其活动方式与道德心理、道德行为的相互作用，其形成机制是身体经验同个体内在的道德认知、道德情感、道德判断、道德意志等心理过程相互嵌入、相互影响，并作用于个体外在的道德行为的过程。[4]

具身道德理论强调身体参与德育的重要性，强调知行合一。具身道德理论主要强调三个方面的内容："身体"的参与、"情境"的创设以及"情感"的作用。首先，在德育过程中我们应该注重实践、活动、感悟和体验。在开展非遗德育课程时，多注重幼儿的非遗文化体验，多采用参观、体验、实际操作等可以使幼儿全身心投入的方式开展非遗活动。其次，重视"情境"的作用，尽可能选择与实际生活接近的情境，营造当事人所处的情境或可以让当事人共鸣的情境。教师为幼儿创设

---

[1] 方微、葛烈众、甘甜：《道德具身认知的理论研究》，载《心理与行为研究》2016年第6期，第765-772页。
[2] SHERMAN G D, CLORE G L. The color of sin: white and black are perceptual symbols of Moral purity and pollution. *Psychological Science*, 2009, 20(8): 5.
[3] 张冲：《正心立德劳动树人：破解立德树人难题：孟万金教授创立"具身德育"新体系》，载《中国特殊教育》2016年第6期，第25-30页。
[4] 沈楠：《具身道德的教育路径》，载《江苏高教》2019年第7期，第62-68页。

的非遗文化情境应该贴近幼儿生活的真实情境，幼儿园可以充分利用佛山当地丰富的非遗文化资源，让幼儿直接进入非遗文化场景和非遗传承人所在的场景中，在真实的情境中产生共鸣，感受非遗文化所传达的精神。最后，重视道德教育中"情感"的作用，发挥情感在知行合一中的内驱力作用和催化剂作用。在德育活动中，教师应注重对幼儿情感的激发和调动，在德育中的快乐体验、幸福感等积极情感有利于幼儿德育的发展。

因此，在开展非遗活动时，应充分调动幼儿的情感体验，如对非遗传承人精湛技艺的崇拜感，在非遗活动中愉悦的体验，完成陶艺、剪纸等非遗作品后的成就感等，都会促使幼儿内驱力的产生，进一步促进幼儿道德的内化。

四、教育学理论基础

（一）陈鹤琴活教育理论

陈鹤琴的活教育理论提出"大自然以及儿童的世界、家庭的组织、乡镇的自治、社会的风俗、国家怎样的富强、世界怎么样的进化等大社会，都应该是儿童学习和成长的重要场所"。[1] 比如佛山非遗场所祖庙、博物馆、南风古灶、民间艺术社、精武馆等，均是能让幼儿获取直接经验的平台，可使幼儿感受佛山非遗文化的魅力，从而提高幼儿欣赏美的能力。

陈鹤琴活教育理论的启示体现在：第一，德育课程是潜移默化，并不设定具体的德育内容。第二，非遗的内容要选择鲜活地发生在幼儿生活中的，要重视艺术性即符合幼儿天性中对美的追求。第三，课程的编制要重视本地非遗的情形，因地制宜。

（二）鲁洁生活德育模式

鲁洁教授于20世纪90年代末就提出了德育要回归儿童的生活世界的思想主张，她强调德育必须尊重儿童的身心发展规律，德育的内容应当是儿童可以接受和理解的，不能与儿童的生活形成分裂。生活德育模式强调，德育必须以生活为本，是为了生活、通过生活而进行的。[2]

生活德育追求一种"无痕"的教育，认为人在生活中即在教育中。生活对于幼儿来说是一种无形的教育力量，身处于非遗文化生活中的幼儿会在潜移默化中习得非遗技艺和非遗所传达的精神。因此，应将非遗融入幼儿的生活中，让幼儿在文化生活中浸润。在构建非遗德育课程时，应注重环境这一隐性的教育力量，将非遗元

---

[1] 苏刚、庄云旭：《陈鹤琴活教育理论及其现代价值》，载《现代教育科学》2008年第12期，第98-100页。
[2] 叶飞：《德育理论的中国探索与转型之路（1949—2019）》，载《南京师大学报（社会科学版）》2019年第4期，第27-39页。

素渗透到环境的每一个角落，除了环境的创设，还应加大对各种非遗资源——人力资源、社区资源以及各种民间民俗活动的利用与挖掘的力度。充分发挥非遗文化的德育价值，让孩子的生活充满非遗文化，生活即德育，德育即生活。

总之，生活德育强调创设道德体验环境，这个德育环境包括物理环境、心理环境、人文环境等多个层面。物理环境与人文环境往往构成精神文化环境，它对人的成长起到潜移默化的作用。积淀与营造一种积极向上、丰富博大的精神文化环境将成为生活德育的重要内容。而非遗文化环境就是这样一种富有生命力的德育环境，除了非遗物质遗产，非遗文化所营造的精神文化环境也能潜移默化地影响着幼儿的发展。心理环境也是德育环境的重要组成部分，生活德育高度重视心理环境，认为心理环境的改善首先要在生活中努力建构起人与人之间真正意义上的对话关系。只有创建了良好的德育环境，我们才愿意生活在其中，愿意去体验，从而使社会的道德规范内化为自身需要。

（三）檀传宝欣赏型德育模式

欣赏型德育模式强调，德育不能没有精神追求，德育不能失去审美意趣，美学能给予德育的最根本的东西便是审美的精神内涵，并且通过美来达到育德的目标和效果。基于审美意趣与德育的有机联系，德育可以成为"一幅美丽的画""一曲动听的歌"，使受教育者在审美意趣中自然而然地接受道德教育，达到"美善相谐"的道德境界，实现以美育德的教育效果。

檀传宝教授将"欣赏型德育模式"分成了4个子模式，即欣赏型德育师生关系模式、欣赏型德育教学模式、欣赏型德育活动模式、艺术手段在欣赏型德育中的应用模式。[①]

欣赏型德育师生关系模式：希望建立的师生关系是一种德美、育美欣赏过程中的"参谋或伙伴"式的关系：第一，师生关系是双向或多向的关系；第二，师生关系是平等的关系。

欣赏型德育教学模式：核心要求是教师在教学活动中通过呈现道德美和教育形式美去"涵泳"学生。

教师对教育模式的运用是一个再创造的过程。图2-1反映的是我们努力建构的一个理想的教学模式。它用平面坐标图的形式反映了欣赏型德育教学模式中教师与学生之间民主、平等的互动关系。其中，横坐标体现的是教师的主导作用，纵坐标体现的是学生的主体作用。模式结构图还以"美"为起点，以"德"为终点，直观地表达了以审美化改造为基础、以德育目标实现为目的的课堂教学理念。

---

① 檀传宝、蔡辰梅：《美丽的德育在成长："欣赏型德育模式建构研究"的案例述评》，载《中国德育》2006年第5期，第52-57页。

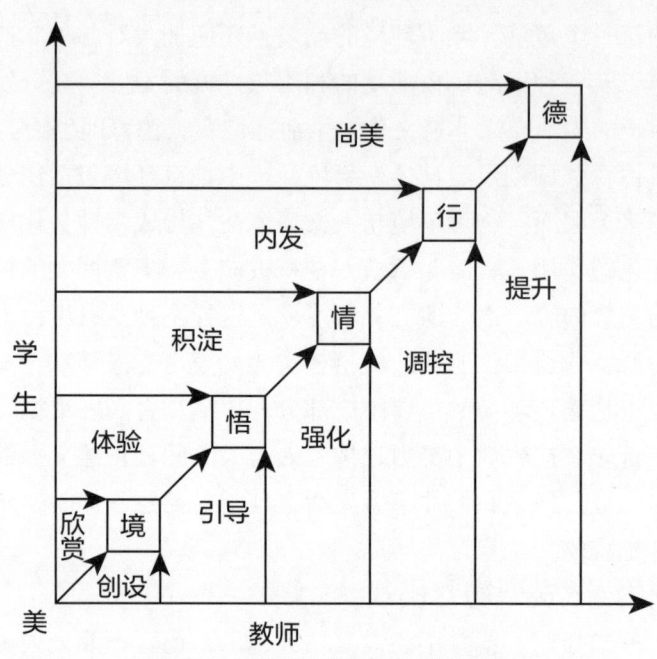

图 2-1 欣赏型德育教学模式结构

欣赏型德育活动模式：模式的构建主要包括两个方面：一是以活动形式将德育内容作为产品并以美的方式呈现出来；二是发现和运用德育活动中的审美因素，在活动中体现德育美。

艺术手段在欣赏型德育中的应用模式：力图以情感为突破口，通过寻找一个欣赏的视角，使学生情感发生变化，从而引导道德主体实现道德的自主构建，最后提升道德主体的品德水平。具体程序为：确立道德教育内容—实施审美化改造—建立欣赏视角—实现情感突破—延长主体的审美感受—产生强烈的情感愉悦—引发主体的自主构建—提升品德发展水平。

欣赏型德育模式的具体目标是在欣赏中完成道德学习。而非遗德育课程目标旨在让幼儿通过非遗文化、艺术、民俗活动培养家国情怀、品质素养以及社会规则意识等道德素质。

综上所述，现有的关于儿童德育哲学、心理学、神经科学、教育学等理论突显出以下5个共性启示：

（1）主张重视儿童的主体性，强调儿童的道德体验与实践。
（2）重视情境的作用，指出德育的形成来源于生活。
（3）重视儿童的道德情感，认为道德情感是道德信念的最核心因素。
（4）主张建立平等友好的师生关系，主张道德主体的对话与交往。
（5）主张儿童的道德发展是一个潜移默化的过程。

总之，关于儿童道德发展的理论都呈现出一定的共性，即反对传统的灌输式道德培养，强调儿童的主体性、自主建构，让儿童在亲身体验、潜移默化中发展道德，从对道德认知的重视逐渐转向对道德情感的强调。这与国家颁布的政策文件也是共通的，例如，《幼儿园工作规程》第三十一条指出："幼儿园的品德教育应当以情感教育和培养良好行为习惯为主，注重潜移默化的影响，并贯穿于幼儿生活以及各项活动之中。"

　　因此，在开展非遗德育课程时，应充分利用佛山非遗古城的优势，充分挖掘非遗资源，发扬和传承非遗，让非遗更加贴近幼儿的生活，融入幼儿的生活，让幼儿在实地体验、直接感知的过程中将非遗精神内化为自身道德的一部分。此外，要精选非遗文化，探索符合幼儿身心发展特点的可操作课程，让幼儿系统化地学习非遗技艺、传承非遗文化。同时，在开展非遗活动时要注重构建一种对话关系，所有人都乐于交流、乐于分享。幼儿与幼儿之间、幼儿与教师之间、教师与家长之间、教师与非遗传承人之间……每个人都倾听他人的想法、尊重他人，在交往的过程中不断内化道德品质，传承非遗文化与精神。

第二章 "童趣非遗"德育课程的理念与目标

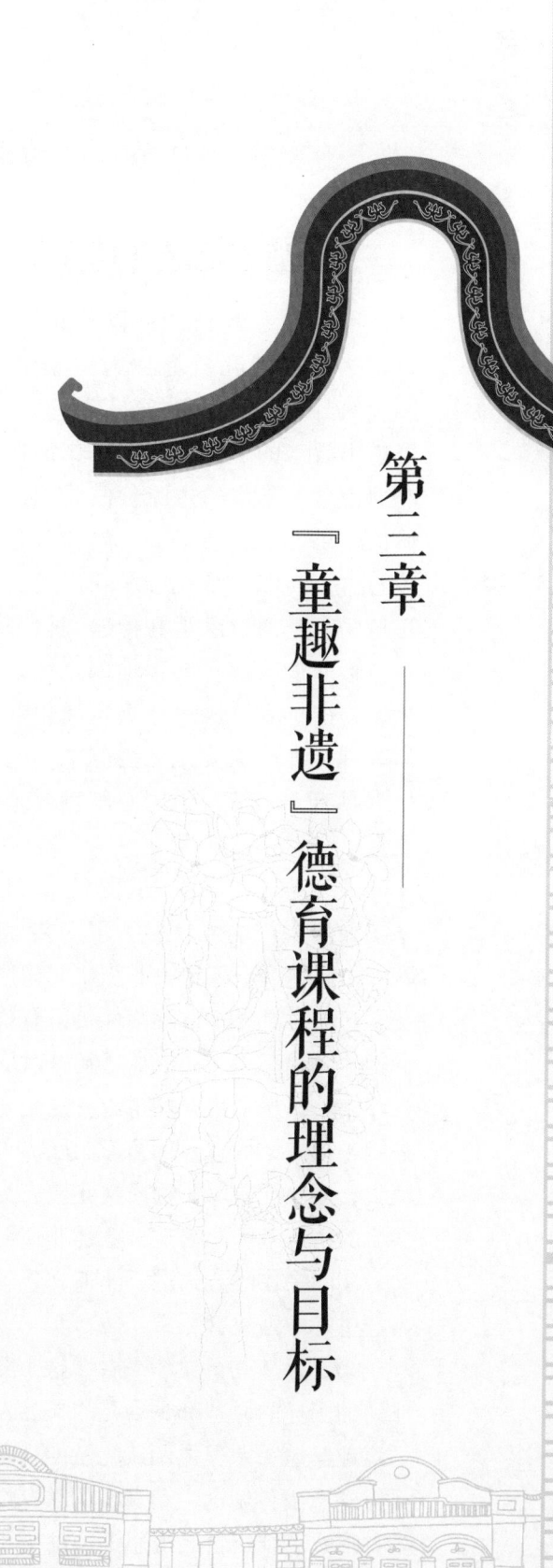

第一节 "童趣非遗"德育课程的理念

一、基于地域非遗文化,凝练"童趣非遗"课程理念

我国自古就有"蒙以养正"的教育之说,古人把幼儿教育称为"蒙学"。《易经·八卦》有云"童蒙养正,圣共也",一语道出教育的至高目标——养正教育。佛山非遗蕴含着丰富的主流价值观元素,蕴含守诚信、讲仁爱、崇正义、尚和合等社会主义核心价值。课程是在继承和传递文化过程中运行的,是通过继承和传递文化来培养人。"童趣非遗"德育课程强调儿童是文化的传承者、建构者。课程注重生活化、游戏化和体验性,在非遗文化的滋养中,润泽童心,培养具有乡土情、中国心与世界眼的真善美儿童。

"童趣非遗"标识图案(如图3-1所示),所采用的元素融合了陶艺、剪纸、武

图3-1 "童趣非遗"logo

术、祖庙、狮子等佛山非物质文化遗产和具有佛山特色的经典元素,尽显传统东方美学,同时具备多重解读性,留有想象空间。"童趣非遗"标识的核心意涵是文化润德、启智润心,其根本意涵可以从以下三个角度进行阐释。

第一,从文化立场来看,这个图案像一个承载文化的器皿,在表现形式上整体采用半包围结构,外部图形为圆形,有保护的意思,同时也象征着循环,永远不会消失,还象征着以非物质文化遗产为代表的中华优秀传统文化,包含着中华民族最根本的精神基因。通过"童趣非遗"课程帮助幼儿了解非遗文化,通过幼儿亲身体验、实际操作等方式进行非遗文化的传承与创新,以及用童言童语讲述佛山非遗故事、讲好中国故事。

第二,从儿童立场来看,这个图形像一个孕育儿童奇思妙想的子宫,这些佛山非遗的图标的原型都是幼儿的作品,是他们心中的祖庙、通济桥、陶罐、狮头……"童趣非遗"课程强调从儿童的视角来看非遗、品非遗、说非遗,包容幼儿的千奇百怪的想法,创设生动真实的教育情境,支持幼儿通过语言、图画、陶泥、动作等多种形式表征出自己的思考,注重引导幼儿形成完整的人格,着力培养幼儿的道德品质,提升幼儿的综合素养。

第三，从中国立场来看，圆形代表着地球，意指中国非物质文化深植于广袤的世界地球中。这个图形像一只雄狮的眼睛，更像是一只世界眼，呈现向外散发的趋势，赋予"童趣非遗"logo一种动态的美感，寓意"童趣非遗"项目拥有更为广阔的开放性和发展前景，寄托中国优秀传统文化要走出国门、走向世界、发扬光大的美好愿景。

二、"文化润德，以德树人"的课程理念

"童趣非遗"德育课程理念（见表3-1）概括来说，第一，儿童是文化的传承者、建构者，他们在非遗文化的滋养中，润泽童心，自然生长为具有乡土情、中国心、世界眼的真善美儿童。第二，教师是幼儿学习的支持者、引导者，非遗德育课程为幼儿提供平等的学习与发展机会；课程应与幼儿阶段的学习特点与身心发展水平相适应，激发幼儿积极、主动地学习；课程应尊重幼儿学习与发展的个体差异，体现个别化教育。第三，课程注重生活化、游戏化和体验性，课程评价以过程性评价为主，促进幼儿的深度学习和终身发展。

表3-1 "童趣非遗"德育课程理念

课程理念	区域课程理念	文化润德
		以德树人
	子课程理念	陶品课程：以品育德
		彩扎课程：以艺育德
		粤经典课程：以言育德
		武术课程：以魂育德
		剪纸课程：以美育德
		食育课程：以礼育德
		……

其中，文化润德是教育对非物质文化遗产的传承、延续、滋养和发展的一种教育模式；以德树人是把以立德树人融入幼儿园课程体系和一日生活，在幼儿心中播下德性的种子，铸就幼儿中华民族之魂，培育幼儿文化自信和民族自豪感。

第二节 "童趣非遗"德育课程的目标

一、课程目标的基本来源

课程目标的基本来源是学习者的需要、当代社会生活的需求、学科的发展。尽

管不同教育价值观对这三个来源的关系存在不同认识，尽管还可能有其他来源，但在这三个方面是课程目标的基本来源这一点上人们已取得共识。美国教育哲学家杜威早在1898年发表的《我的教育信条》中就已提纲挈领地论述了学生、社会、学科的关系。泰勒在《课程与教学的基本原理》（1949）中用一种折中的态度把学习者的需要、当代社会生活的需求、学科的发展并列为课程目标的三个来源。

（一）学习者的需要

课程是儿童的课程，因而儿童（学习者）的需要是课程与教学目标的设定基础。学习者的需要是"完整的人"的身心发展的需要，即儿童人格发展的需要。随着儿童人格的发展，其需要会不断变化、不断生成、不断提升，因而儿童人格发展是动态的。儿童身心发展的需要既具有年龄阶段的差异性，又具有个体间的差异性。

（二）当代社会生活的需求

儿童的成长是一个不断社会化的过程。当代社会生活的需求包括两个维度：从空间维度看，当代社会生活的需求是指从儿童所在的社区到一个民族、一个国家乃至整个人类的发展需求；从时间维度看，当代社会生活的需求不仅指社会生活当下的现实需要，更重要的是社会生活的变迁趋势和未来需求。

（三）学科的发展

人是一种文化的存在。儿童由自然人发展为文化人的基本途径就是通过学校课程学习学科知识、继承文化遗产。学科知识即学科的逻辑体系，包括学科的基本概念和基本原理、学科的探究方式、学科的发展趋势、该学科与相关学科的关系等等。泰勒早就指出，在确定课程目标的时候，应将学科专家的建议作为重要来源。[①] 就目前来看，将学科发展确定为课程目标的来源需要合理认识以下三个问题。第一，知识的价值是什么？如今，时代精神的发展趋向是把知识的价值指向于理解世界并与世界和谐共存，指向于提升生活的意义而非追求功利。第二，什么知识最有价值？最有价值的知识是使生活的意义得以提升、整合了科学精神和人文精神。第三，谁的知识最有价值？在将学科知识确定为课程目标的时候，应当考虑知识所负载的价值观究竟是推进了社会的民主和公平还是维持着社会的不平等。

二、确定课程目标的基本环节

确定课程目标大致包括以下四个基本环节。

第一，确定教育目的。教育目的或教育宗旨是课程目标的终极目的，它是特定教育价值观的体现。它所回答的基本问题是：什么是受过教育的人、教育与人的发展是怎样的关系、教育与社会进步是怎样的关系等等。

第二，确定课程目标的基本来源。课程目标的基本来源或课程开发的基本维度

---

① 江霞：《课程开发的目标模式及其特点》，载《外国教育研究》2020年第6期，第9-13页。

是特定教育价值观的具体化。学习者的需要、当代社会生活的需求、学科的发展三者是怎样的关系？课程目标或课程开发究竟应以什么为基点？当课程开发的基点确定下来以后，应如何处理好其与其他处于从属地位的目标来源的关系？对这些问题的不同回答形成了不同的课程开发的向度观（维度观），这是确立合理的课程目标的关键。

第三，确定课程目标的基本取向。在"普遍性目的""行为目标""生成性目标""表现性目标"等取向之间作何选择？怎样处理这几种目标取向之间的关系？这不仅反映了特定的教育价值观，也与课程开发的向度观有着内在联系。

第四，确定课程目标。在教育目的、课程目标的基本来源、课程目标的基本方向确定以后，课程目标的基本内容和陈述方式也就确定下来了，在这种条件下即可进一步获得内容明确而具体的课程体系。

三、"童趣非遗"德育课程的目标制定

（一）确定课程目标的"三把筛子"（如图3-2所示）

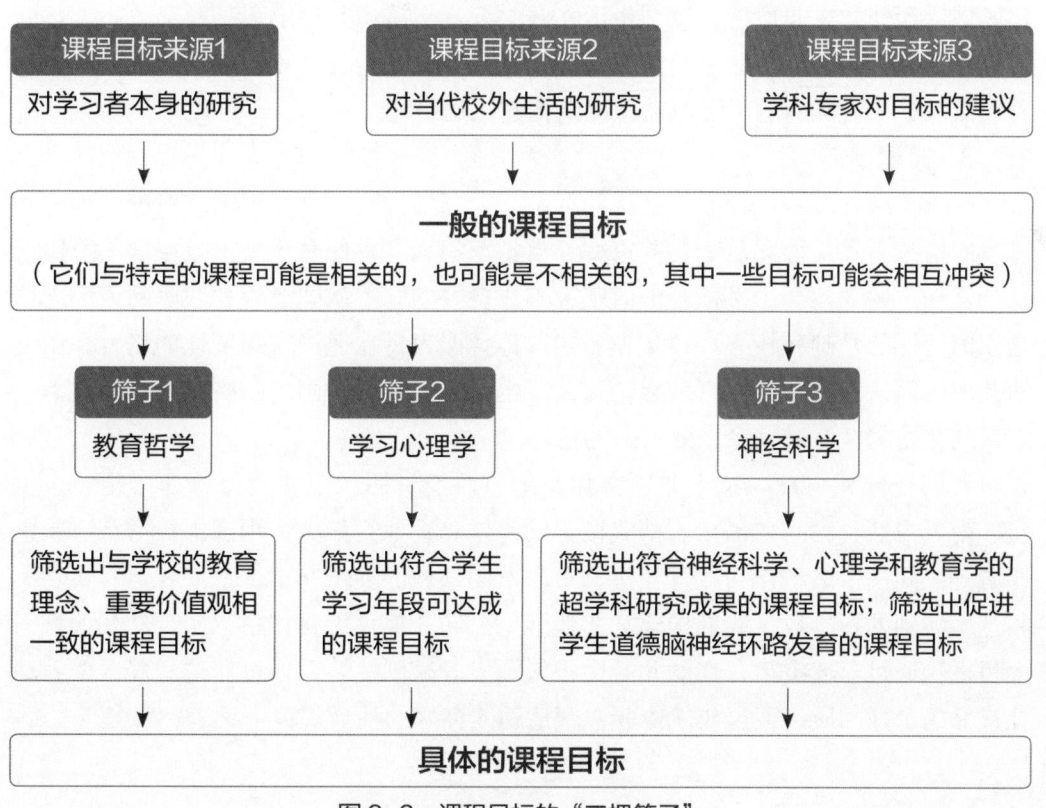

图3-2 课程目标的"三把筛子"

（二）"童趣非遗"德育课程目标的确定

围绕"幼儿德育"这一核心概念，"童趣非遗"德育课程主张"大德育"观，

以《3~6岁儿童学习发展指南》《幼儿园教育指导纲要（试行）》《幼儿园工作规程》《幼儿园保育教育评估指南》等政策文件为指导，基于教育哲学、学习心理学、神经科学这"三把筛子"，确定出指向个性品质、社会规范、家国情怀的3个维度，设计小、中、大班各3个一级目标、12个二级目标、42个三级目标。

1. 个性品质

人民教育家陶行知先生早就在他起草的《中华教育改进舍改造乡村教育宣言书》中指出："人格教育，端赖六岁以前之培养，凡人生、态度、习惯、倾向皆可在幼稚时代立一适当基础。"[①] 如果一个人在这一时期能初步形成良好健康的个性，那么将会终身受益。个性品质指的是个体的情感、态度和价值观。"童趣非遗"德育课程旨在通过非遗培养孩子认真专注、好奇求知、勇敢自信、独立创新等良好个性品质。

2. 社会规范

社会规范的接受是指个体把主体外在行为要求转化为主体内在行为需要的过程。社会规范在儿童社会化过程中起着重要的作用。"童趣非遗"德育课程为幼儿提供同伴之间、教师与幼儿之间、家长与幼儿之间、幼儿与非遗传承人之间的社会化场域，让幼儿在非遗德育社会生活实践中，逐步认识并理解各种社会关系，逐渐了解和掌握交往规范、共享与合作、社会责任等基本的社会规范，学会规范行为并养成懂礼貌、讲文明的生活习惯，逐渐构建品德结构。

3. 家国情怀

中国传统社会是一种家国同构的社会，家国情怀是一种对祖国、对家庭强烈和真挚的情感，是一种立足于热爱家庭、自觉承担家庭责任并积极报效祖国的稳定情感和责任。树立社会主义核心价值观，养成良好的国家认同意识和浓厚的爱国之情是家国情怀的基础和核心。"童趣非遗"德育课程旨在通过家国情怀的培育，激发幼儿的国家认同感和民族自豪感，使其产生对家乡、对祖国的归属感和热爱之情，培养幼儿爱家庭、爱家乡、爱祖国的情感。

我们充分利用社区本土非遗文化基地、政府资源、民间资源，如博物馆、祖庙、南风古灶、民间艺术社、精武馆等幼儿体验基地；积极运用佛山行通济、秋色巡游等民间民俗活动作为教育契机；争取不同领域的多位非遗传承人和推广人、民间艺术大师的指导等。我们构建"非遗润德"幼儿德育课程体系，实现幼儿德育三大目标：通过非遗浸染，在幼儿心中根植深厚的家国情怀；通过非遗滋养，培养幼儿良好的个性品质；通过非遗体验，塑造幼儿良好的社会规范（见表3-2）。

[①] 送国凤：《陶行知幼儿教育思想及其对当前我国幼教改革的启示》（硕士学位论文），贵州师范大师2014年，第13-15页。

表 3-2 "非遗润德"课程目标

一级目标	二级目标	三级目标
家国情怀	**爱己及人**：自尊自爱，爱他人和周围的环境，爱家庭、爱家乡、爱祖国	1. 知道自己的姓名、性别，了解自己的优点、缺点、兴趣等，知道父母、老师都是爱自己的人 2. 乐意参加集体活动，爱父母、其他亲人，爱老师，爱周围的人，关心和尊重他人 3. 通过实地感受和体验非遗文化等幼儿喜闻乐见和能够理解的方式，不断加深幼儿对家乡和祖国的热爱 4. 主动为集体做力所能及的事情，不乱扔废物，自觉保护周围环境，爱自己的家乡和文化
	热爱认同：认可尊重、喜欢且热爱佛山非遗，并对佛山具备初步的归属感	1. 了解、认可、尊重不同的非遗文化以及了解当地具代表性的物产或景观 2. 乐于参与佛山的节庆活动、风俗仪式等活动，愿意走访佛山与非遗文化相关的博物馆、文化馆、老街等 3. 喜欢参加陶泥、剪纸、武术等非遗活动，初步感受并喜爱非遗文化 4. 通过了解、学习佛山非遗文化，对佛山具备初步的归属感，热爱自己所在的集体 5. 知道、理解、尊重不同地区（民族、国家）的文化，感知人类文化的多样性和差异性，以及不同地区、民族的非遗艺术文化，体验其中的情感内涵
	保护传承：具有自觉保护佛山非遗的意识，具备传承和创新佛山非遗的意愿和初步技能	1. 愿意学习并继承佛山本地非遗文化技艺 2. 爱护、珍惜身边的非遗文化资源，爱护非遗公物与环境，具有保护非遗环境的意识 3. 在参与非遗活动的过程中，乐于探究，敢于创新，初步具备传承非遗技艺的技能 4. 初步掌握一些基本的非遗艺术要素并通过多种形式大胆表现，具有初步的艺术表现与创造能力 5. 用多种方式开展非遗艺术活动，大胆想象和创造，敢于创新，充分表达自己的情感和体验
	热爱劳动：能够运用多种材料对佛山非遗进行创造性表达和创作，逐步养成积极主动、热爱劳动的良好品质	1. 知道劳动最光荣，初步养成自己的事情自己做的好习惯 2. 能帮父母和他人做自己力所能及的事情，乐意为集体贡献自己的力量 3. 热爱非遗活动并尊重非遗劳动成果，乐于参与非遗活动，在亲身体验和实际操作的过程中感受劳动的快乐，体验成就感 4. 初步具备探究和运用非遗技艺的能力和方法

（续上表）

一级目标	二级目标	三级目标
个性品质	自信勇敢：敢于探究和尝试不同的非遗文化，不怕困难，初步具备勇敢的意志品质	1. 知道面对困难时不能放弃，遇事要勇敢，勇于面对挫折 2. 运用多种感官和方法去观察、感受非遗文化中及非遗文化传承中不屈不挠的工匠精神 3. 敢于挑战和尝试有一定难度的非遗活动和任务，磨炼坚强勇敢的意志品质 4. 在学习非遗文化过程中，遇到困难能够自己想办法解决而不轻易求助他人
	认真专注：主动探究和学习非遗文化，逐步养成认真专注的良好学习品质	1. 知道做事情不能半途而废，知道面对问题要全身心投入 2. 运用多种感官和方法去观察、感受非遗文化中及非遗文化传承中认真专注的工匠精神 3. 有认真完成任务的意识，能够开心地对待每一项任务 4. 乐于接受任务，做好自己力所能及的事情
	活泼开朗：生活态度乐观，在集体生活中情绪稳定、愉快，形成良好的个性	1. 有乐观的生活态度 2. 喜欢并适应集体生活，在集体生活中情绪稳定、愉快 3. 具有良好的个性品质，积极向上
	独立自主：具备良好的卫生、生活习惯和基本的生活自理能力，有一定的安全保健常识和初步的自我保护能力	1. 具备初步的自我服务技能和基本的生活自理能力 2. 有初步的安全和健康知识，知道关心和保护自己 3. 具有良好的生活和卫生习惯
社会规范	遵守规范：感受规则的意义，体验规则的重要性，知道并自觉遵守游戏规则、社会规则和行为准则，逐步树立规则意识，有初步的责任感	1. 通过多种形式的非遗活动认识、体验并理解基本的社会行为规则 2. 自觉遵守基本的行为规范，逐步树立规则意识 3. 具备初步的责任感
	文明礼貌：了解传统礼仪，懂得尊重他人，对人有礼貌，养成使用文明用语的习惯	1. 学习传统文化礼仪，了解一些必要的交流礼节，关心和尊重他人 2. 与人交往时使用文明用语
	诚实守信：做了错事敢于承认并能改正，不说谎，有守信用的意识	1. 对他人诚实、守信，做错事情要敢于承认 2. 知道说谎是不对的，能明辨是非对错，有独立思考的能力
	沟通合作：乐意与人交往，掌握基本的交往规则和技能，能与同伴友好相处	1. 学习和掌握交往的基本规则和技能 2. 学会换位思考，学习理解别人 3. 乐意与人交往，对人友好、有礼貌、大方

第四章
佛山非遗课程的资源开发与研究

第一节 佛山非遗的内涵与价值

一、佛山非遗的内涵

佛山非遗，指佛山人民世代相传并视为文化遗产组成部分的各种传统文化的表现形式，以及与传统文化表现形式相关的实物和场所。佛山作为千年古城、岭南文化的发源地以及明清时期的四大镇、四大聚之一，有着丰富的非遗资源。据统计，截至2022年12月8日，佛山拥有国家级非遗项目15项、市级非遗项目131个、省级非遗项目56项，其中，国家级非遗项目有：狮舞（广东醒狮）、粤剧、龙舟说唱、佛山木版年画、剪纸（广东剪纸）、石湾陶塑技艺、十番音乐（佛山十番）、龙舞（人龙舞）、灯彩（佛山彩灯）、彩扎（佛山狮头）、香云纱染整技艺、中秋节（佛山秋色）、庙会（佛山祖庙庙会）、锣鼓艺术（八音锣鼓）、咏春拳（佛山咏春拳）。这些非遗项目能为幼儿德育课程建设提供活教材、活教具、活载体。

二、佛山非遗的德育价值

非物质文化遗产具有丰富性、生活性、实践性、生动性、趣味性、艺术性、可视性、社区性等特点，将非遗资源引入幼儿园，可以为幼儿德育提供源于生活、可触可感、新颖典型的鲜活教育素材和丰富的德育实践情境，其体验性正是对新时代幼儿教育和德育焦点命题的有效呼应。非物质文化遗产是中华优秀传统文化的重要组成部分，具有涵育核心价值观和爱国主义情怀，培养创新精神和审美意识，磨炼意志品质等多种德育价值。

第一，非物质文化遗产蕴含着核心价值观的教育价值。[1] 非遗于无形之中蕴含着中国历经数千年而绵延不断的文化精髓，形成和合、包容的天下观，"天人合一"的自然观，修身、治国、平天下的家国思想，并作为正直、诚实、勤劳、勇敢、仁爱、谦让等道德修养的重要载体，其具体、实在地存在于我们周围，于潜移默化中造就了中国人独特的气质。佛山非遗具有丰富的社会主义核心价值观元素，蕴含讲仁爱、守诚信、崇正义、尚和合等主流价值。如赛龙舟等竞技类非遗蕴含自强不息、勤劳勇敢、英雄无畏的民族精神；龙舟说唱等口头传统类非遗折射出扶危济困、抑恶扬善、乐善好施的人文情怀；醒狮、舞龙等民间舞蹈游艺类非遗蕴含团结、友爱、奋进精神；海天酱油、盲公饼等老字号类非遗展示着童叟无欺、诚实守信等为人、为医、为商之道。

---

[1] 谢中元：《非物质文化遗产与核心价值观传播》，载《四川戏剧》2015年第9期，第58-61页。

第二，非物质文化遗产是当地文化的集中表现，具有强烈的地域性和民族性，具有爱国主义教育价值。将非物质文化遗产引入幼儿德育，让孩子们从小接触和了解身边的非遗文化，带领幼儿实际感受祖国文化的丰富与秀丽，践行"以文化人"的思想，可以建立幼儿与社区、与城市、与国家内在的联系，增强文化自觉和文化自信，培养幼儿热爱家园、城市和祖国的感情。例如，幼儿通过对佛山当地丰富的地名传说、地方风物传说、神话传说和民谣等的学习，可以更加了解佛山，增进其爱家乡、爱祖国的情感。此外，佛山当地诸如行通济、佛山秋色等特殊的社会风俗、礼仪类非物质文化遗产，可以在热烈的气氛中增强幼儿的民族认同感和自豪感，激发幼儿强烈的爱家乡、爱祖国情怀。

第三，非物质文化遗产蕴含着培育创新精神的教育价值。非物质文化遗产给幼儿提供了丰富的途径、方式、机会和情境去尝试、发现、表达，而幼儿的每一次表达都是一个创新的过程。佛山的剪纸、陶塑、藤编等传统艺术类项目非常适合幼儿，在"童趣非遗"课程中，幼儿的空间思维能力、空间造型能力、色彩感知和设计能力都能得到很好的锻炼。

第四，非物质文化遗产作为"有意味的形式"，蕴含着丰富的审美信息和审美内涵。例如，剪纸、陶塑等传统美术和传统手工艺类的非遗项目，体现了实用与审美的统一，体现出独特的美的意趣和境界，渗透着华夏儿女对美的向往、追求和热爱。粤剧、粤曲等表演艺术类非遗展示了岭南曲词、音乐、美术、表演之美；剪纸、彩灯等民间美术类非遗呈现巧夺天工、精妙绝伦之艺。将这些非物质文化遗产引入幼儿德育，让幼儿感受和体验其中的美好，具有强烈的审美教育意义，可以提升其观察力、理解力和创造力。

第五，非物质文化遗产蕴含着提升意志品质的教育价值。非物质文化遗产本身就蕴含着中华民族拼搏进取、坚强不屈、勇往直前的品质和人文精神。每一项非物质文化遗产都是工匠精神在当代的延续和体现，提炼其中的感人传承故事和工艺过程，可以启迪幼儿的心灵。此外，非物质文化遗产的引入可以为孩子们提供丰富的意志品质实践情境。

对幼儿来说，幼儿德育是培养知情意行的过程，而佛山非遗中涵盖的德育价值可以完美地与幼儿道德情感、认知及能力一一结合起来，发挥其德育的整体功能，所以说佛山非遗展示出佛山民众求真、务善、尚美的情怀品质，是用于开展佛山幼儿德育、构建幼儿德育课程的地方文化资源宝库。

三、佛山非遗资源的开发与利用现状

幼儿园结合地域特点开发园本课程，让佛山非遗落地，一系列课程、资源、环境都是开展实践的载体，让幼儿在丰富的非遗文化浸润中，陶冶自身，传承匠心。

（一）打造非遗德育四大品牌课程

"童趣非遗"德育课程以佛山非遗为载体，充分利用当地材料资源，开展了陶艺、武术、剪纸、饮食等系列德育课程，并在实践与探索中编写了一系列园本教材和图书，内容包括佛山非遗的传承与保护、材料与工具、技法与创新、欣赏与借鉴等，并结合幼儿特点和实际开发情况附上优秀实践案例，既有理念的引领，又有实际操作的指导。例如，"幼儿创意活动小宝典"系列教材（剪纸、编织、折纸、陶艺、翻绳、手影）、园本课程"剪纸好玩"、幼儿饮食丛书、武术总动员园本课程"幼儿武术操""武悦童谣"、陶艺系列课程"游弋于泥"等。

（二）开发非遗资源

根据幼儿发展特点开发和探索了一系列适合在幼儿园开展的非遗资源（醒狮、剪纸、粤剧、藤编等），创建"非遗大师工作室"，托起传承的纽带，充分利用佛山当地的非遗人力资源，与非遗传承人、非遗推广人、民间艺术大师等建立联系，先后邀请了多名非遗传承人对幼儿园教师、幼儿及家长进行言传身教、辅导示范，让幼儿、家长和教师欣赏、了解、掌握非遗。同时，充分利用佛山民间民俗活动，如逛花街、行通济、龙舟竞渡、秋色巡游等，让教师和幼儿在感受非遗的过程中传承非遗精神。

（三）搭建非遗基地与平台

充分利用当地场地资源，如祖庙、博物馆、南风古灶、民间艺术社、精武馆等场所，为幼儿提供参观的场所，让其感受佛山非遗的魅力，提高欣赏美的能力；加强社会实践，组织教师和幼儿到非遗传承基地、博物馆等地方参观走访，与园际联盟，开阔视野。定期组织幼儿到佛山各大非遗文化博物馆、非遗大师工作室参观学习，带领幼儿实地学习非遗相关知识，体验非遗技艺操作流程，让幼儿进一步感受佛山非遗的源远流长及博大精深。一位位鲜活的非遗大师的传承经历、一个个动人的非遗故事，都能增强幼儿对佛山非遗的认同感。

第二节 佛山非遗的分类与介绍

一、佛山非遗的课程资源分类

佛山依托其地域优势，有着丰富的非遗文化资源，"童趣非遗"课程资源主要分为七大类别：**表演艺术类**（如粤剧、佛山十番、广东音乐）；**传统技艺类**（如佛山海天酱料制作技艺、伦教糕制作技艺等）；**传统美术类**［如灯彩（佛山彩灯）、藤编（大沥、里水）、刺绣（广绣）、石湾陶塑技艺等］；**传统体育、游艺与杂技类**［如蔡李佛拳、赛龙舟（九江传统龙舟）、狮舞（广东醒狮）等］；**传统医药类**（如冯了性风湿跌打药酒、源吉林甘和茶等）；**民间文学类**（如九江灯谜、木鱼

书、佛山水乡农谚等）；**民俗类**［如中秋节（佛山秋色）、庙会（佛山祖庙庙会）和行通济等］。（见表4-1）

表4-1 "童趣非遗"课程资源分类

类别	内容
传统技艺类课程资源	石湾陶塑技艺，佛山海天酱料制作技艺，佛山铸造技艺，香云纱染整技艺，石湾玉冰烧酒酿制技艺，佛山盲公饼制作技艺，九江双蒸酒酿制技艺，民间竹编，石湾龙窑技艺，佛山饼印技艺，糕点制作技艺（九江煎堆制作技艺），西樵传统缫丝技艺，金箔锻造技艺，三水龙舟制作，佛山酝扎猪蹄制作技艺，香云纱（坯纱）织造技艺，西樵大饼制作技艺，石湾琉璃瓦制作技艺，龙舟制作技艺（三水洲边），佛山酱料制作技艺（西南抽油），石湾艺术釉（三水南山五彩），佛山红模铸造工艺（高明），唢呐制作技艺，广式家具制作技艺，平洲传统玉器制作技艺，九江传统鱼花技艺，均安蒸猪制作技艺，礼饼制作技艺（顺德伦教），伦教糕制作技艺，大良鱼灯制作技艺，顺德红米酒酿造技艺，牛乳制作技艺（顺德大良），陈村粉制作技艺，煎堆制作技艺（顺德龙江），萨其马制作技艺（三水），疍家菜制作技艺（三水），佛山纸扑，双皮奶制作技艺
传统美术类课程资源	灯彩（佛山彩灯），刺绣（广绣），藤编（大沥、里水），佛山木版年画，佛山剪纸，木雕（佛山），彩扎（佛山狮头），南海灰塑，岭南盆景（佛山），高明花灯，高明扎狮，岭南书法艺术（佛山），广绣（石硁），南海竹编，三水玉雕，佛山砖雕
民俗类课程资源	中秋节（佛山秋色）、行通济，官窑生菜会，灯会（乐安花灯会），春节习俗（佛山春节习俗），庙会（大仙诞庙会），陈村花会，高明濑粉节，上元舞火龙习俗，端午节（盐步老龙礼俗），华光诞，胥江祖庙庙会，庙会（佛山祖庙庙会），大江龙舟习俗，扒草艇（湖涌），祠堂祭祖（平地黄氏冬祭），黄岐龙母诞，北村生菜会，烧番塔（松塘），烧番塔（仙岗），赤山跳火光习俗，龙潭龙母诞，黄连仓沮信俗，扒龙舟（高明），真步堂天文历算，民间信俗（观音信俗），端午节（龙眼点睛习俗），民间信俗（关帝候王出游）
表演艺术类课程资源（含传统音乐、传统舞蹈、传统戏剧、曲艺）	狮舞（广东醒狮），粤剧，龙舟说唱，锣鼓艺术（八音锣鼓），佛山十番，岭南古琴艺术，广东音乐，南音，粤讴，粤曲星腔，粤曲（顺德），人龙舞，大头佛，麦边舞龙，八音锣鼓柜，岗雕乐，高明花鼓调，三山咸水歌等
传统体育、游艺与杂技类课程资源	赛龙舟（九江传统龙舟），蔡李佛拳（佛山），龙形拳，白眉拳，咏春拳（佛山咏春拳），佛山少临南家拳，佛山鹰爪拳，熊氏少林大易筋经，华岳心意六合，八法拳，叠滘弯道赛龙船，洪拳（顺德），洪拳（南海），黄连龙虱游艺，侠家拳

（续上表）

类别	内容
民间文学类课程资源	木鱼书，三字经，佛山水乡农谚，九江灯谜，丹灶葛洪炼丹传说
传统医药类课程资源	中医传统制剂方法（冯了性风湿跌打药酒），中医养生（源吉林甘和茶），蔡李佛鸿胜功夫推拿，佛山伤科正骨，佛山伤科制药技艺

二、佛山非遗的具体内容

依托佛山丰富的非遗文化资源，"童趣非遗"德育课程一方面结合非遗资源的历史、文化和艺术等综合价值，另一方面结合学前教育的优劣势筛选出适合幼儿园运用的非物质文化遗产资源。

（一）手工技艺类

1. 香云纱染整技艺①

香云纱是一种桑蚕丝织物，是使用提花手拉机将丝织成纱罗织物，经复杂的晒莨工艺制作而成。香云纱染整技艺即晒莨，是采用植物染料薯莨为丝绸染色的一种工艺。香云纱学名为"莨纱绸"，是世界纺织品中唯一用纯植物染料染色的丝绸面料，被纺织界誉为"软黄金"。香云纱染整工艺流程包括浸莨水、晾晒、洒莨水、封莨水、煮练、卷绸、过泥、洗涤、晒干、摊雾、拉幅、整装等十多道工序，前后历时15天。由于目前现代科技还不能做出香云纱的手感和各异的花纹，所有工序还必须由手工完成。

顺德的养蚕缫丝业有悠久历史，北宋时期，龙江、龙山一带已经开始植桑养蚕。清代中叶至民国年间，由于缫丝业的蓬勃发展，顺德享有"南国丝都"和"广东银行"的美誉。桑蚕和缫丝业的兴旺，推动了纺织业和印染业进一步发展，云纱（香云纱）尤为著名，香云纱因拿在耳边轻弹或穿起来走路，可听到"沙沙"的响声，因而得名为"响云纱"，后人美其名曰"香云纱"。

手工染制的顺德香云纱，质地轻薄、柔软、凉爽、耐汗、易洗、快干，是适合热带、亚热带地区的上好夏季衣料，且带有金属和珍珠般的光泽，以其制作的衣服被海外人士喻为"黑色闪光珍珠"，还具有穿着时间越长越柔软、亮泽、舒适的特点。顺德香云纱染整技艺全靠手工操作，迄今现代科技机械尚无法取代，在丝绸染整上极具代表性和工艺价值，已于2008年入选第二批国家级非物质文化遗产名录。

"香云纱染整工艺"是中华民族的优秀文化遗产，也是祖辈一代一代传承下来

---

① 关于香云纱染整技艺的介绍主要参考"佛山市博物馆官网"公布的资料，官网网址为http://www.foshanmuseum.com/。

的文化，它与人们的生活密切相关，也是能体现民间独特风俗习惯的文化遗产。幼儿在接受非物质文化遗产的熏陶中，会产生丰富的审美联想，激发幼儿的审美创造力。此外，非遗课程能充分调动幼儿动手动脑的积极性，使幼儿的审美能力得到进一步提升。因此，可以将香云纱引入手工制作、幼儿绘画、时装展演等游戏活动。

2. 石湾陶塑技艺[①]

石湾陶塑技艺是在日用陶器的基础上发展起来的，从石湾东汉墓出土的陶器可见其艺术雏形。石湾陶塑技艺的发展大致可分4个时期，唐至明以前为形成发展期，明清时期为鼎盛期，民国时期为低谷期，中华人民共和国成立后尤其是改革开放后为全盛创新期。

石湾位于广东省佛山市禅城区中心区域，石湾陶塑技艺主要分布在禅城区石湾镇街道及周边地区。丰富的自然资源、依山傍水的地理位置、水路畅达的交通条件，使石湾成为我国岭南重要的陶业基地。

石湾陶塑技艺具有人文性、地方性、民族性的特点，在创作上具有独特的艺术风格。"石湾公仔"陶塑技艺按实物形态可分为人物陶塑、动物陶塑、器皿、微塑、瓦脊陶塑五大类。以人物造型为代表的"石湾公仔"陶塑技艺形神兼备，它吸收各种文化艺术精华，高度写实和适度夸张相结合，兼有生活趣味和艺术品位，形成了鲜明的地方风格。其制作工艺有构思创作、泥料炼制、成形、装饰、上釉、龙窑煅烧六个环节，其中煅烧的火候全凭师傅的心得体会。龙窑的上、中、下有高、中、低三种火候，分别用于烧制物品的不同部位，只有技艺娴熟的工匠才能把握。石湾陶塑技艺已于2006年入选第一批国家级非物质文化遗产名录。当代石湾陶塑名家中，以刘佳、庄家、刘泽棉、廖雄标等为代表。

石湾陶塑技艺发展到现在面临着后继无人的困境，有限的市场空间和现实的生存环境令年轻人难以把这门技艺当成终身职业。在此情势下，石湾陶塑技艺中注入了大量外来元素，传统技艺难以保存，急需保护与传承。

（二）传统美术类

1. 剪纸（广东剪纸）

广东剪纸主要由流传于佛山地区的佛山剪纸、流行于潮汕地区的潮阳剪纸和流传于潮州地区的潮州剪纸构成。佛山市位于广东省中南部，属珠江三角洲腹地。佛山剪纸是由当地民俗活动发展而来的一种民间艺术，主要分布在佛山市禅城区及南海区的部分乡镇。

佛山剪纸据说源自中原，结合当地民俗风情及手工业、商业而发展起来，至清代已逐步成行成市，并出现了行会组织。20世纪初，与佛山剪纸有关的门钱、童话、符疏衣纸、溪纸、金花、磨花纸、蘸料纸、打铜、铜箔、朱砂年红染纸、花红

[①] 关于石湾陶塑技艺的介绍主要参考"广东省文化馆官网"公布的资料，官网网址为http://www.gdsqyg.com/agdfyzg/index。

染纸、染色纸等十二行都蓬勃发展，店号数百家，工人近3000人，他们所生产的蘸料纸、各色染纸都是佛山剪纸的材料来源。

佛山剪纸分为纯色剪纸、衬料剪纸、写料剪纸、铜凿剪纸四大类，根据用料不同，又可分纯色料、纸衬料、铜衬料、染色料、木刻套印料、铜写料、银写料、纸写料、铜凿料等九种。剪纸手法分为剪和刻两大类。剪，多为随意剪制，每次两三张，如礼品花、灯花、烛台花、香案花、饼花等即以此法制成；刻，每次可刻二三十张，粗犷的图案可刻50至100张不等，便于大量复制。佛山剪纸所用刻刀大小不一，一般系随意磨制而成，宽度从1毫米至3毫米不等，一套十余把。操刀时以握毛笔法持之，垂直切割，线条连接而不断，成型如网状。传统佛山剪纸以社情民意决定其内容和形式，喜庆吉祥、驱邪纳福、多子长寿等是永恒的主题，在民间极受欢迎，长期流行不衰。与此主题相应，佛山剪纸中以铜箔金碧辉煌的特点配合鲜明的色纸，形成独有的地方风格，也形成铜凿剪纸等独特的表现形式。已于2006年被选入第一批国家级非物质文化遗产名录。现在，佛山剪纸技艺的主要传承人为林载华等。

佛山剪纸具有产业化的传统，加强对其的挖掘和保护有助于研究珠江三角洲民俗活动和民间文化形态，同时还可以繁荣民间文化市场、增强地域文化特色。但目前佛山剪纸专业人员队伍青黄不接，最具特色的铜凿剪纸由于工具散失、作为主要材料的铜箔不再生产而无法制作，加上老艺人退休或病故，许多传统技艺面临失传的危险，亟待拯救。

2. 藤编（大沥、里水）[①]

南海藤编最早记载于北宋欧阳修等人编修的《新唐书·地理志》，清代道光十五年（1835年）编修的《南海县志》亦有记载。据史载，南海藤编最先使用本地野山藤为原料，后改用海南的白藤编织，清代道光年间开始使用洋藤编织。

南海区的藤编主要集中分布在素有"藤乡"之称的大沥镇黄岐八乡和里水的沙涌、大冲、甘蕉、大石等村落。藤编是一种以棕榈藤类植物茎秆的表皮和芯为原料，经过蒸煮、干燥、漂色、防霉、消毒杀菌等多项工序处理，再经过专业人员手工加工定型，加固后做成产品的基本造型，然后用传统技艺编制而成的实用品和工艺品。其工艺复杂，品种不同则工艺各异。主要工艺流程为原材料（藤条）采集，经过削藤节、拣藤等工序加工成藤皮、藤芯，之后将藤皮加工成藤席和笪，而藤芯则被编织成各类藤成品（如藤织件）或技术编制成各种藤制品。南海藤编品种丰富，约有8000个花色品种，主要有藤皮、藤芯、藤席、藤笪、藤织件和藤家具六大类，具有实用性强、质轻色淡、轻便美观、工艺精致、构思独特、造型丰富以及天然环保的特点。

---

① 关于藤编（大沥、里水）的介绍主要参考"广东省文化馆官网"公布的资料，官网网址为http://www.gdsqyg.com/agdfyzg/index。

藤编具有较高的欣赏价值和实用价值，同时也是加强中外文化交流、沟通海内外华人、传承中华传统技艺的民间文化发展的桥梁，具有较强的社会价值、文化价值和经济价值。藤编（大沥、里水）已于2012年入选广东省第四批非物质文化遗产代表性名录。

近年来，历史悠久的南海藤编工艺，由于近现代塑料等新材料的出现，技法与产品样式的创新满足不了市场需求，传统南海藤编工艺因成本高、工时长、收入低，导致熟练艺人退出生产，且吸引不了年轻人从事藤编传统技艺学习而逐渐走向衰落，南海藤编传统技艺已濒临失传。

藤编项目适合幼儿园结合学前教育开展主题教育活动，例如，参观藤编传习所，访问藤编传承人；观摩藤编工艺品制作过程；学习藤编技巧，制作藤编作品；等等。

3. 彩扎（佛山狮头）[①]

佛山狮头彩扎是广东省佛山市的传统民间工艺美术和造型艺术，相传起于明代，与民俗活动中的舞狮相伴而生。清乾隆年间石路铺黎氏家族开始以狮头制作为业，后世代传承至今。黎家狮制作精良，成为佛山狮头彩扎的代表，名扬中外并带动了佛山狮头制作业的蓬勃发展。中华人民共和国成立后，佛山狮头年产量达8000个，且远销东南亚及欧美等20多个国家和地区。现主要分布于佛山市禅城、顺德、南海、三水和高明区。

佛山狮头以竹篾、藤条和纸、绸、布、毛等材料扎制，工艺精细，轻巧耐用。以戏曲人物脸谱为参照，采用拟人化的夸张手法，作为刘备等古代英雄的象征，是佛山狮头造型的一大特点。其尤喜以红、黑二花面脸谱写意造型，象征刘备的五虎将关羽、张飞、赵云、黄忠、马超，更显狮头的威武雄壮，且寄寓民间对英雄的崇拜。狮头的细部刻画也十分讲究，有"双鱼戏珠"狮眉，"双凤朝阳""二龙抢珠"狮腮，还有鳌鱼角、象鼻角、虎头角、龙角、鹰角等多种有趣的角型设计；装饰特别注重性格化，如象征张飞的黑脸狮头造型，还配上牙刷须，饰以黑色绒球，装扮得如同张飞般彪悍骁勇；设色以民间喜用的红、黄、绿等原色为主色调，并配以黑色调和，显得层次分明而又对比强烈，明快和谐而又鲜艳夺目。

佛山狮头彩扎融戏剧、绘画、装饰等多种艺术元素于一体，造型手法独特，地域特色浓郁，人文内涵丰富，多姿多彩，形神兼备，自成一格，深受海外华侨华人喜爱，印度尼西亚、新加坡的华侨社团还将其作为珍品收藏。彩扎（佛山狮头）已于2008年入选第二批国家级非物质文化遗产名录。佛山狮头能吸引幼儿的专注力和观察能力，它栩栩如生的狮头，不仅能让幼儿认识佛山文化、了解佛山传统、品味佛山魅力，还能让幼儿在传承的过程中陶冶情操。

[①] 关于彩扎（佛山狮头）的介绍主要参考"广东省文化馆官网"公布的资料，官网网址为http://www.gdsqyg.com/agdfyzg/index。

（三）民俗类

1. 中秋节（佛山秋色）[①]

"佛山秋色"是佛山民间传统庆丰收的大型综合性群众性文化艺术活动，质朴清新，是生动丰富的原始艺术、乡土艺术、风俗艺术，相传起源于两晋时期，肇端于儿童舞草龙庆丰收的孩童耍乐。明正统十四年（1449年）定名为秋色。"秋色"意为佛山金秋的景色，因在中秋节前后的月明之夜以大巡游的形式举行，故又称"秋宵""出秋色""出秋景"。明代中叶至清，佛山农业、手工业、商业的发展和繁荣，使之成为全国四大名镇之一，"佛山秋色"也发展至鼎盛时期，每于丰年，行业或各铺里居民自发组织大型的出秋色活动，一铺发起，全镇二十多铺及四乡群众纷纷响应，通过争雄斗胜的巡游演示，形成独具特色的文化空间。

"佛山秋色"基本内容分为民间工艺品和文艺表演两大类。民间工艺有扎作、砌作、针作、裱塑、雕批五种。工艺特点是：原材料随手可得，化腐朽为神奇；制作技艺新奇妙肖，以假乱真。文艺表演包括民间音乐、舞蹈、戏剧、杂技、化装表演五类。秋色巡游的表现形态又分为灯色、马色、车色、地色、水色、飘色、景色七色。参演群众数千人，巡游队伍长达数里。佛山秋色大彩灯和1997年香港庆回归庆典展出的280米的巨龙扎作灯色彩龙，均被载入《吉尼斯世界纪录大全》。扎作彩龙远飞澳大利亚、英国等十多个国家，佛山又被誉为"彩龙的故乡"。

"佛山秋色"不依附于任何神灵崇拜，与当地农业、手工业和商贸的繁荣密切相关，并通过争雄斗胜的"秋色赛会"，不断创新和提高，展现出高度的综合性、广泛的群众性、浓郁的艺术性、精巧的工艺性、突出的娱乐性和自发的竞技性，具有很高的历史、文化和学术价值，已于2008年被选入第二批国家级非物质文化遗产名录。独具地方特色的"佛山秋色"，已成为佛山城市品牌，其以浩浩荡荡、载歌载舞和琳琅满目的工艺品，演绎着城市辉煌，焕发着时代光彩。

目前，一些制作技艺如砌作、针作、裱塑、雕批等仅剩几名传人；民间秋色赛会亦由民间转为政府牵头组织，数年才能举办一次，秋色艺术缺少了展演的空间，不利于佛山秋色的传承和发展，亟待得到切实的保护。

2. 庙会（祖庙庙会）[②]

佛山祖庙庙会是流行于珠江三角洲一带，融娱乐性、世俗性、群众性、宗教性为一体的综合性民间文化活动。其起源与北帝供奉密切相关。北帝，又名玄武、真武、玄天上帝、黑帝等，在珠江三角洲民间则多习称为北帝。祖庙作为供奉北帝的载体，从宋代元丰年间（1078—1085）建立以来，以"历岁久远"成为佛山

[①] 关于中秋节（佛山秋色）的介绍主要参考"广东省文化馆官网"公布的资料，官网网址为http://www.gdsqyg.com/agdfyzg/index。

[②] 关于庙会（祖庙庙会）的介绍主要参考"佛山市博物馆官网"公布的资料，官网网址为http://www.foshanmuseum.com/。

"诸庙之首"，很早就形成了乡耆、士绅来祖庙议事的"庙议"规矩，成为集政权、族权、神权为一体的著名庙宇，华南著名的民间文化中心之一。

佛山祖庙自明洪武五年（1372年）至清光绪二十五年（1899年），经历代多次的重修、扩建、修葺，形成如今之规模。现在祖庙主体建筑群由排列在南北中轴线上的万福台、灵应牌坊、锦香池、钟鼓楼、三门、前殿、正殿、庆真楼等建筑物组成。作为佛山宗教崇拜的祭祀中心、庙会的重要场所，祖庙不仅是明清本地建筑艺术的集中表现——建筑装饰有大量的砖雕、木雕、石雕以及陶塑和灰塑作品；还是明清佛山手工业和民间工艺的集中体现——庙宇陈列有金属铸件、木雕摆件以及漆朴神像，被誉为"岭南建筑艺术之宫"，1996年被列为全国重点文物保护单位。

改革开放后，随着人们精神文化需求的不断扩大，民间风俗得到传承，民间遂自发恢复祖庙庙会活动，并呈现出兴旺景象。佛山祖庙庙会具有全民参与性，是海内外佛山人认同的精神维系，对研究岭南民情风俗具有深远的意义。佛山祖庙庙会已于2008年被选入第二批国家级非物质文化遗产名录。

3. 行通济①

行通济是指每年正月十六佛山乡民经过"通济桥"，以求来年风调雨顺、心想事成的风俗。通济桥是佛山最早修建的桥梁之一。据记载，该桥最先是由附近乡民集资修建的木桥，明天启年间，户部尚书、乡人李待问倡建重修，建成后取名为"通济桥"。该桥横跨佛山涌，水路可通四乡，陆路可达邻村，为佛山商贸交流的重要通道，商民为求生意顺境，便以行通济桥来讨好意头，后渐成习俗，并有"正月十六行通济，行过通济无闭翳"之说。

古代的通济桥，桥头石级共9级，桥尾13级，寓意"九出十三归"，取生意人希望本小利大之意，现在通济桥经重修后，桥两端的抱鼓石上以祥云纹和蝙蝠纹衬托风车，桥身雕刻着八仙过海时所执的神器，桥柱上部用大象头"拱"出一个装有南瓜、仙桃的果篮，寓意市民过桥时祈求消灾、寻求平安的美好祝愿。

每逢农历正月十六，佛山民众及四乡男女老少，联群结队，携男带女，步行至通济桥，或在社坛焚香烛、烧炮仗，或步入南济观音庙烧香、参神叩拜，男子求签，妇人则扯神前花灯灯带，求赐丁财。凡行通济桥的人，皆要携带行运风车、灯笼或生菜等物，取转运生财之意，行通济之时，须一次从桥头（北岸）行至桥尾，不能折回复返，并由桥尾右傍大基而去，经尾窦到澳口返回。

现在，该古老习俗也逐渐被赋予了现代的色彩。如2000年举行了"佛山市献爱心捐善款元宵万人行"活动；2005年禅城区文化广电新闻出版局制作了大型生菜灯，倡导引菜（财）归家，并把生菜灯拍卖所得用作善款捐献给佛山福利事业；2006年更组织了"畅行通济·引财归家"——万家通济系列文化活动，为古老的习

---

① 关于行通济的介绍主要参考"广东省文化馆官网"公布的资料，官网网址为http://www.gdsqyg.com/agdfyzg/index。

俗注入了新的文化内涵。"行通济"活动对建设文化名城,打造城市文化名片,构建和谐社会发挥着极大的促进作用。行通济已于2007年被选入第二批广东省非物质文化遗产名录。

(四)表演艺术类

1. 狮舞(广东醒狮)①

醒狮,属于中国狮舞中的南狮。历史上由唐代宫廷狮子舞脱胎而来,五代十国之后,随着中原移民的南迁,舞狮文化传入岭南地区。明代时,醒狮在广东出现,起源于南海县(今南海区)。现流传于我国广东、广西及东南亚各国华侨中间;在广东境内主要分布在佛山、遂溪、广州等县市。

醒狮是融武术、舞蹈、音乐等为一体的文化活动。表演时,锣鼓擂响,舞狮人先打一阵南拳,这称为"开桩",然后由两人扮演一头狮子耍舞,另一人头戴笑面"大头佛",手执大葵扇引狮登场。舞狮人动作多以南拳马步为主,狮子动作有"睁眼""洗须""舔身""抖毛"等。主要套路有"采青""高台饮水""狮子吐球""踩梅花桩"等。其中"采青"是醒狮的精髓,有起、承、转、合等过程,具有戏剧性和故事性。"采青"历经变化,派生出多种套路,广泛流传。遂溪醒狮在表演上从传统的地狮逐步发展到凳狮,由凳狮又发展到高台、高竿狮,由高竿狮又发展到桩狮。桩的难度也在不断增大,如增加了走钢丝、腾空跳等表演类。最高的桩接近3米,跨度最大为3.7米,充分体现了"新、高、难、险"的特色,被誉为"中华一绝"。广州市的沙坑醒狮的道具造型特点是:狮头额高而窄,眼大而能转动,口阔带笔,背宽、鼻塌、面颊饱满,牙齿能隐能露。表演分文狮、武狮和少狮三大类。通过在地面或桩阵腾、挪、闪、扑、回旋、飞跃等高难度动作演绎狮子喜、怒、哀、乐、动、静、惊、疑八态,表现狮子的威猛与刚劲。

自古以来,广东醒狮被认为是驱邪避害的吉祥瑞物,每逢节庆或有重大活动,必有醒狮助兴,长盛不衰,历代相传。20世纪80年代以来,几乎乡乡都有自己的醒狮队,一年四季,开张庆典锣鼓声不断,逢年过节,狮队便上街采青、巡演。各镇、乡村群众性的狮艺普及也盛况空前。广东醒狮已成为全国知名的为广东特有的民间舞品牌。醒狮活动也广泛流传于海外华人社区,成为海外同胞认祖归宗的文化桥梁,其文化价值和意义十分深远。广东醒狮已于2006年入选第一批国家级非物质文化遗产名录。

可根据幼儿的特点开展关于醒狮的以下活动:参观祖庙醒狮基地(亲子活动),欣赏音乐《醒狮》;学习舞狮、醒狮操(中大班),幼儿学习醒狮基本的动作和大头佛戏狮动作;学习醒狮的制作(结合各级幼儿特点,画醒狮、利用身边的纸箱制作醒狮等),认识醒狮的种类;年底组织小小醒狮队进行醒狮表演;等等。

---

① 关于狮舞(广东醒狮)的介绍主要参考"广东省文化馆官网"公布的资料,官网网址为http://www.gdsqyg.com/agdfyzg/index。

2. 粤剧①

粤剧，是广东省最大的地方戏曲剧种，又称广东大戏、广府戏等，流行于我国两广、港澳等粤语地区和上海、天津、台湾等地，以及东南亚、美洲、欧洲、大洋洲等粤籍华侨、华人聚居的地方。

粤剧的历史渊源和形成发展积淀深厚，既继承了中国戏曲"以歌舞演故事"的艺术传统，又形成了自己的独特风格；本地人组织的戏班演出，在不断吸收外来的弋阳、昆山、梆子、皮黄等剧种声腔的基础上，还积极汲取流行于广东民间的俗乐和本地土戏唱腔等艺术营养，使其地方性日益增强，逐渐演变成为具有浓郁岭南韵味和鲜明风格特色的粤剧。

粤剧原有末、生、旦、净、丑、外、小、夫、贴、杂十大行当，后精简为文武生、小生、正印花旦、二帮花旦、丑生、武生六类。粤剧表演带有质朴粗犷的特色，有单脚、滑索、运眼、小跳、拗腰等绝技。其武打以南派武功为基础，靶子、手桥、少林拳及高难度的椅子功和高台功都十分出色。粤剧化装简练，色彩浓艳，服装多采用广绣，精美华丽，富有浓郁的地方特色。粤剧已于2006年入选第一批国家级非物质文化遗产名录。

粤剧广泛吸收广东音乐、广绣、牙雕、陶瓷、灰塑等地方艺术形式，充分体现了广府民系群落的地域文化传统，辐射范围遍及全球各地，在世界华人中具有极强的文化凝聚力。在"琼花焕彩·2003佛山粤剧文化周"之后，佛山市政府每年均主办"魅力佛山·琼花粤剧艺术节"，并建立粤剧传习所，为粤剧的保护和传承提供有效的保障。

3. 龙舟说唱②

龙舟歌在民间又称"唱龙舟"或简称"龙舟"，是流行于广东珠江三角洲地区的一种曲艺形式，一般认为形成于清代乾隆年间，相传为一名原籍顺德龙江的破落子弟所创。其表演形式为一人或二人自击小锣或小鼓作间歇伴奏吟唱，声腔短促，高昂跌宕，诙谐有趣，富有宣泄效果。唱词以七言韵文为基本句式，四句为一组。腔调简朴流畅，富有乡土气息，宜于叙事抒情。节目内容丰富，从神话故事、民间故事到时事新闻几乎无所不包。但由于民间艺人识字不多，且多为口耳相承，流传下来的并不多。

历史上的龙舟歌多由艺人走街串巷演出，在重大的民族节日或各种喜庆场合很容易觅见他们的身影。龙舟歌中蕴含着大量的民俗信息，影响所及，连粤剧也吸收其唱腔为演唱的重要曲牌，曲牌的名字叫做《龙舟歌》或《龙舟》。龙舟说唱已于

---

① 关于粤剧的介绍主要参考"佛山市博物馆官网"公布的资料，官网网址为http://www.foshanmuseum.com/。
② 关于龙舟说唱的介绍主要参考"广东省文化馆官网"公布的资料，官网网址为http://www.gdsqyg.com/agdfyzg/index。

2006年入选第一批国家级非物质文化遗产名录。

时下年轻一代价值取向转变，龙舟歌出现了后继乏人的局面。龙舟歌的核心流传地顺德，目前会唱者仅四五人，且未发现有主动拜师学艺的青年人，急需采取有力可行的保护措施，让龙舟歌能继续传承下去。

（五）传统体育、游艺与杂技类

1. 蔡李佛拳（佛山）①

新会双水镇东凌村人张炎（张鸿胜）于咸丰元年（1851年）在佛山开设鸿胜馆，佛山的蔡李佛拳是由此传播出去的，其后逐渐辐射至我国的广州、广西，香港、澳门、台湾地区，以及欧美、东南亚等40多个地区和国家。

鸿胜馆蔡李佛拳主要是由青草和尚传于张炎的佛门内外八卦拳与陈享公的蔡家、李家拳结合整理而成。其继任者陈盛又将拳术简化，改革为长拳、平拳、扣打等。鸿胜馆最鼎盛时有分馆20多家，成员过万，直至1949年闭馆，是中国活动时间最长、人数最多的武馆。1998年，鸿胜馆复馆。

鸿胜蔡李佛拳即内外八卦拳，原共有1080点，包括龙、蛇、虎、豹、鹤、狮、象、马、猴、彪十形和包、抄、偷、绕、截、升、沉、潜、伏、进、退十一种手法，器械包括大刀拦门寨、朴刀、梅花枪、英枪、六点半棍、双夹单棍、双头扁拐、伏虎大扒、锄头、长凳、抗日大刀、双刀飞鼠扑壁、单刀、单刀藤牌碟等。

蔡李佛拳术的特点是腰灵膊活飞砣劲，偏身出手快如风，腾挪闪避进退稳，横标直插腰腿功。蔡李佛拳术讲究腰、膊、腿、手的合力，出手要力贯拳、掌、指，要像飞砣打出一样。步法灵活，进退自如，手随身转，偏身对敌，长短并用。

佛山鸿胜馆蔡李佛拳历史悠久，源于中国最大的反清复明组织天地会，是中国最优秀的武术流派之一；该拳种实战性强，100多年来，其传人清末刘忠、民国刘锦东、胡云绰多次在擂台上打败外国拳师。清末刘忠在香港打败外国大力士，民国刘锦东在广州、胡云绰在佛山打败外国拳师，皆轰动一时。1994年在香港举行的世界拳王大赛中，鸿胜馆蔡李佛拳手打败泰国冠军阿叻，开中国功夫打败泰拳王先河；鸿胜馆蔡李佛拳传人在现代各个革命历史时期，都投身革命事业，在太平天国革命、辛亥革命、大革命、抗日战争都有重要贡献，曾组成特别护卫大队对参加国民党二大的中共代表和国民党左派人士进行护卫，在十九路军中教授抗日大刀术，后又向全国推广。佛山鸿胜馆蔡李佛拳从清代已走出国门，经过一代又一代人的努力，传遍世界五大洲，是世界上最流行的中华传统武术之一。蔡李佛拳已于2012年入选第四批广东省非物质文化遗产名录。

蔡李佛拳不仅可以强身健体，更注重传承者的品格养成，"饮水思源、锲而不舍"是它独特的人文关怀。将蔡李佛拳融入幼儿园户外体育活动，须注重教师在专

---

① 关于蔡李佛拳（佛山）的介绍主要参考"佛山市博物馆官网"公布的资料，官网网址为http://www.foshanmuseum.com/。

业方面的提升。此外，还要注意对武术套路的动作时长、难度、活泼性、手法规范性等进行调整，才能让幼儿进行学习。

2. 赛龙舟[①]

南庄属于河网水乡的地理状况，不少村落处于东平水道的包围之中，自古形成浓厚的水乡民情。河滘村以前是河的沙积岩，开村于700多年前的南宋时期。村里有20多千米的河涌，潺潺河水皆是路，出村入乡一把桨，只有很窄的路基，所以，出行主要靠坐船。当时的交通工具主要是草艇（扁艇），村里家家有草艇，户户会扒船。村民在农作之余也用农艇进行比赛，形成了赛龙舟的雏形。南庄的龙舟起源于农艇（草艇、扁艇），有一百多年的历史，以前河滘以农业为主，这和龙舟的发展有一定联系，农民平时多锻炼，而且时间比较自由，练习的时间比较多，艇就扒得比较快。传统龙舟有龙头龙尾的，一般由20人以上扒，而南庄河窖、罗格等地赛龙舟时常采用一种轻巧的龙船，长5米左右，宽0.9米，船身轻薄、光滑，船桡造得较为短小，整只龙船既无龙头，也无龙尾，两头只是稍向上翘起，适合当地涌多弯窄的地理环境。

作为"龙舟之乡"，南庄每条村都举行龙舟赛。河滘的赛龙艇大部分都在端午节和中秋节前后举办，新中国成立后还会在国庆节期间比赛，在节庆的时候作为助庆项目。形式有赛农艇（一人一艇或三人一艇）、赛龙舟（有三人舟、五人舟、十三人舟），当时河滘比较出名的艇有陆氏的"凤云艇"（五人艇）、黎氏的"京兆艇"（五人）。

龙舟赛是一项宗族活动，有一些需要讲究的仪式。每逢有船开身（启航）都要去参拜当地庙宇，祈求平安和胜利。放船时首先烧两串炮仗，在埠头上香，然后队员抽着船尾摇几摇（代表船力争上游，有腾飞的意思），拜完埠头仪式就完成，并当即开始"练艇"。河滘涌头乡则习惯拜一块叫做"瑞龙石"的石头。龙船落水一般要选择吉日，以前龙舟下水是不让女人看的，现时已经破除了迷信。到比赛那天，队员一早去拜庙。村中的父老就煮米粥去"放粥"给运动员们吃，而外地乡亲也会回来观赛助兴，吃龙船饭，场面十分热闹，1964年陆家举办的赛龙舟，就摆了400围饭菜。龙船饭是不吃鱼的，因为怕队员们焦急哽到鱼骨头。比赛结束后，胜出的队伍会插上罗伞，以示庆贺。

现在村内比赛多是五人龙，讲究技术和合作性。前面第一个队员，叫"扒头"的，决定着龙舟的速度、转桡、深度、频率和力度，最后一个队员为舵手，掌握着方向。以前的比赛一般从中午12点半开始，历时三四个小时，比拼耐力。由于龙舟属于剧烈运动，现在规定比赛时间不超过2个半小时，超过时间的要申报才可以比赛。比赛时龙舟有序地右上左落，一次最多200条龙舟一同比赛，千桡摇动，百舸

[①] 关于赛龙舟的介绍主要参考"佛山市禅城区非物质文化遗产中心"公布的资料，官网网址为 https://www.ccfwzwhyc.cn/index.html。

争流，两岸观众呐喊助威声震天，场面十分壮观。这项活动已于2007年入选第一批佛山市非物质文化遗产名录。

（六）民间文学类

猜灯谜是中华传统的民俗文化活动，已有两千多年的历史。灯谜也是民间文学艺术，一直深受群众喜爱。它具有启迪思维、增长知识、陶冶性情、文化娱乐、寓教于乐等特有功能。清代《南海县志》就载有"粘诗藏谜以示博物通微谓之打灯"的上元节猜谜场景。九江素有"儒林之乡"的美誉，1934年《九江民众周刊》载28则灯谜，其中一则以"老人院"为谜面猜九江街名"万寿"，这是九江灯谜现存最早的文字记录。

九江灯谜具有文学性、知识性、教育性、趣味性、群众性等特点，是群众喜闻乐见的文化活动，并具有浓郁的地方文化特色。九江灯谜人花大量时间和精力广泛搜集和深入研究乡土文化题材，利用独特的灯谜创作形式，把灯谜编成一个个与乡土文化相关的小故事，并借助群众展猜活动和灯谜比赛等宣传佛山、南海、九江的历史文化，让参与者通过猜谜感受、认知乡土历史文化。九江灯谜文化是九江人民智慧的结晶，它集汉字知识、文学、智力游戏和多种艺术形式于一身，寓教于乐，寓乐于教，对丰富人民群众的文化生活、构建和谐社会有着不可估量和不可替代的作用。九江灯谜已于2017年入选第六批佛山市非物质文化遗产名录。

（七）传统医药类

1. 中医传统制剂方法（冯了性风湿跌打药酒）①

冯了性风湿跌打药酒，曾名为"万应药酒"，由广东新会人冯炳阳于万历年间所创制，其子冯了性在佛山镇正埠渡头开设药铺，不断研究、改进药酒配方，并将药酒更名为"冯了性风湿跌打药酒"。《佛山忠义乡志》即有关于冯了性药铺主营药酒的记载。19世纪以来，冯氏家族不断扩展经营，先后在广州、上海、浙江和香港等地开设店铺。

冯了性风湿跌打药酒以其独特的传统组方和制作工艺在佛山世代相传，并始终坚持选料正、炮制精、价格廉宜的经营理念，广为城乡坊间群众称赞，新中国成立后又被《中华人民共和国药典》所收录，冯了性风湿跌打药酒传统组方及工艺具有重要的历史价值、文化价值和科学研究价值。近年来，由于冯了性风湿跌打药酒的主要原料野生丁公藤已十分稀缺，严重影响到该项目的传承和发展；此外，冯了性风湿跌打药酒的相关古籍史料和文物等散失严重，亟待加以抢救、挖掘和保护。冯了性风湿跌打药酒已于2012年入选第四批佛山市非物质文化遗产名录。

---

① 关于冯了性风湿跌打药酒的介绍主要参考"广东省文化馆官网"公布的资料，官网网址为http://www.gdsqyg.com/agdfyzg/index。

2. 中医养生（源吉林甘和茶）①

据记载，源吉林甘和茶是佛山最著名的中成药茶剂之一，其配方始于清光绪十八年（1892年），为广东鹤山霄乡人源吉荪与其两个儿子创建，定名为"流泽堂源吉林"，其后逐渐专营源吉林甘和茶。清末民初，源吉林甘和茶曾一度行销我国广东、广西、福建、湖南、云南、上海、香港、澳门，以及东南亚等地。

传统源吉林甘和茶通过采用药用茶叶吸取药汁的工艺，在炮制过程中完成了药物煎煮，人们须用开水冲泡或稍微焗几分钟就可以服用，有效地解决了传统中药煎煮时间长、服用不便等问题。源吉林甘和茶以其使用方便、疗效显著成为珠江三角洲地区防暑消食治感冒的首选，在民间拥有良好的口碑，源吉林甘和茶创始至今一直保持着红、黑、绿三色的纸盒装，本地人习惯上称其为"盒仔茶"。源吉林甘和茶承载了浓厚的岭南文化，其发展历程反映出广东中医药文化的历史。目前，源吉林甘和茶已被列入广东省非物质文化遗产名录。

---

① 关于源吉林甘和茶的介绍主要参考"广东省文化馆官网"公布的资料，官网网址为http://www.gdsqyg.com/agdfyzg/index。

第五章 "童趣非遗"德育课程的内容与组织

第一节 "童趣非遗"德育课程的内容

一、"童趣非遗"课程资源的选择

（一）"童趣非遗"课程资源选择的原则

佛山拥有丰富的地域文化资源，非遗是"童趣非遗"课程内容的重要来源。佛山非遗来源于对生活实践的总结、升华，包含着丰富的内涵。在幼儿园实施"童趣非遗"德育，就是将非遗融入幼儿的生活。幼儿园对非遗的内容进行筛选应遵循以下原则。

1. 适宜性原则

身处佛山的教师和幼儿对佛山非物质文化遗产具有一种与生俱来的亲情。佛山蕴含着丰富的非物质文化遗产，但并非所有的非遗都适合幼儿。因此，对佛山非物质文化遗产的筛选应具有适宜性。首先，根据幼儿的年龄特点和兴趣爱好，选择适宜的非遗资源，选取贴近幼儿生活，在生活中有实物、可感知的内容，将文化和教育还原为生活本身。其次，兼顾国家课程标准，根据国家课程标准的总体要求选择非物质文化遗产。最后，考虑幼儿园教师的素养和幼儿园实施条件，因地制宜地选择非遗文化资源。

2. 创生性原则

非物质文化遗产源于生活，其价值形成于不同地区民族群体的日常生活与情感需求，这个过程随着社会生活不断发生变化。佛山非物质文化遗产课程的开发需要随着社会建构、人们的实际需求和主流观念的导向做出相应调整。因此，针对幼儿这一群体，在开发和利用非物质文化遗产的过程中，应充分发挥教育智慧，将佛山非遗文化和传统习俗通过精炼、转化、创生等方式打造成为适合幼儿的非遗课程内容。

3. 价值性原则

佛山非物质文化遗产丰富多彩，要选择能代表佛山地域文化本质的核心文化作为幼儿园实施教育的内容。据2022年12月统计，佛山市现拥有国家级、省级、市级非遗项目共202项。而并非所有的非遗项目都适合在学前阶段开展活动，因此，要筛选出具有代表性的、对幼儿发展有价值的非遗项目，例如，剪纸、陶泥、武术等适合在幼儿园开展的佛山代表性非遗文化，从而对幼儿的发展形成良好的影响。此外，要挖掘佛山非遗资源及传统习俗、活动中所蕴含的积极的教育价值，如德育功能、审美功能、游戏功能等，促进幼儿的发展。

4. 有机性原则

从佛山非物质文化遗产中挖掘、提炼德育因素，要做到有意、有机。要将德育因素置于整个非物质文化的大背景下，融入其中，有机结合，不能简单机械地从非物质文化中抽取德育因素。对德育要素的提炼和整合要服务于课程培养的目标，要将开发和利用的非遗资源作为一个整体，共同促进德育目标的完成。将非遗资源作为一个整体进行分类，在不同的领域提取出有助于幼儿德育发展的价值，并对这些价值进行精炼、有机整合，使德育内容充分渗透融合于佛山非物质文化这一载体。精心提炼、总结和设计，让课程目标、德育内容、非遗载体相互交织，融会贯通，共同促进幼儿的发展。

（二）"童趣非遗"德育课程资源审议

虞永平认为，幼儿园课程审议主要是针对课程实践中的问题展开的，也是以解决这些问题为目的的。[①] 幼儿园课程审议是幼儿园课程开发的重要环节，也是幼儿园课程问题得以解决、课程决策得以形成的过程。秦红认为，课程资源审议是幼儿园课程开发的重要环节，在此过程中坚守儿童立场，就是要最大限度地挖掘课程资源的教育价值，促进幼儿的有效学习和全面发展。[②] 每一类非遗课程资源融入幼儿园课程中，只有在具体教育实践中才能更好地验证非遗课程的科学性、合理性以及对幼儿的作用。因此，我们通过"一月一审议"的"嵌入式评价"过程管理，走进教育现场，关注实际问题，不断调整和完善课程内容，做到动态化地建构课程。

例如，幼儿园在思考将藤编引入幼儿园课程时，大部分教师认为藤编过于锋利，容易割伤幼儿，因此不敢轻易尝试。但项目组在调研藤编工厂时发现，其实藤编通过泡水，材质会变得柔软，完全可以让幼儿操作。于是，幼儿园将藤编融入幼儿的游戏、班级的环境、幼儿的区域等等，幼儿参与了游戏材料的制作、环境创设等活动，幼儿园的课程更加立体和生动。

（三）"童趣非遗"七大课程群

非遗作为中华民族优秀传统文化的一部分，其内涵博大精深，涵盖了人民物质文化生活中衣食住行的方方面面，反映了本土民族的技艺、民俗、艺术的成就，印刻着本土的记忆和血脉传承，成了我们教育的宝贵财富。非遗文化走进幼儿园课程，必须考虑资源的内在价值和3~6岁儿童的身心发展特点，既做到原汁原味，保留非遗元素，又要促进儿童德性的养成。非遗资源不能直接进入课程，要经过分类、筛选、分析、利用后方可作为幼儿园的课程内容。通过收集整理，挖掘非遗中的德育元素，选择积极向上且与幼儿年龄特点相适宜的内容，形成七大非遗德育课程群（如图5-1所示）。

---

① 虞永平：《幼儿园课程审议与教师的专业成长》，载《幼儿教育》2005年第3期，第8-9页。
② 秦红：《幼儿园民间文化教育资源的开发与利用》，载《幼儿教育》2012年z1期，第36-37页。

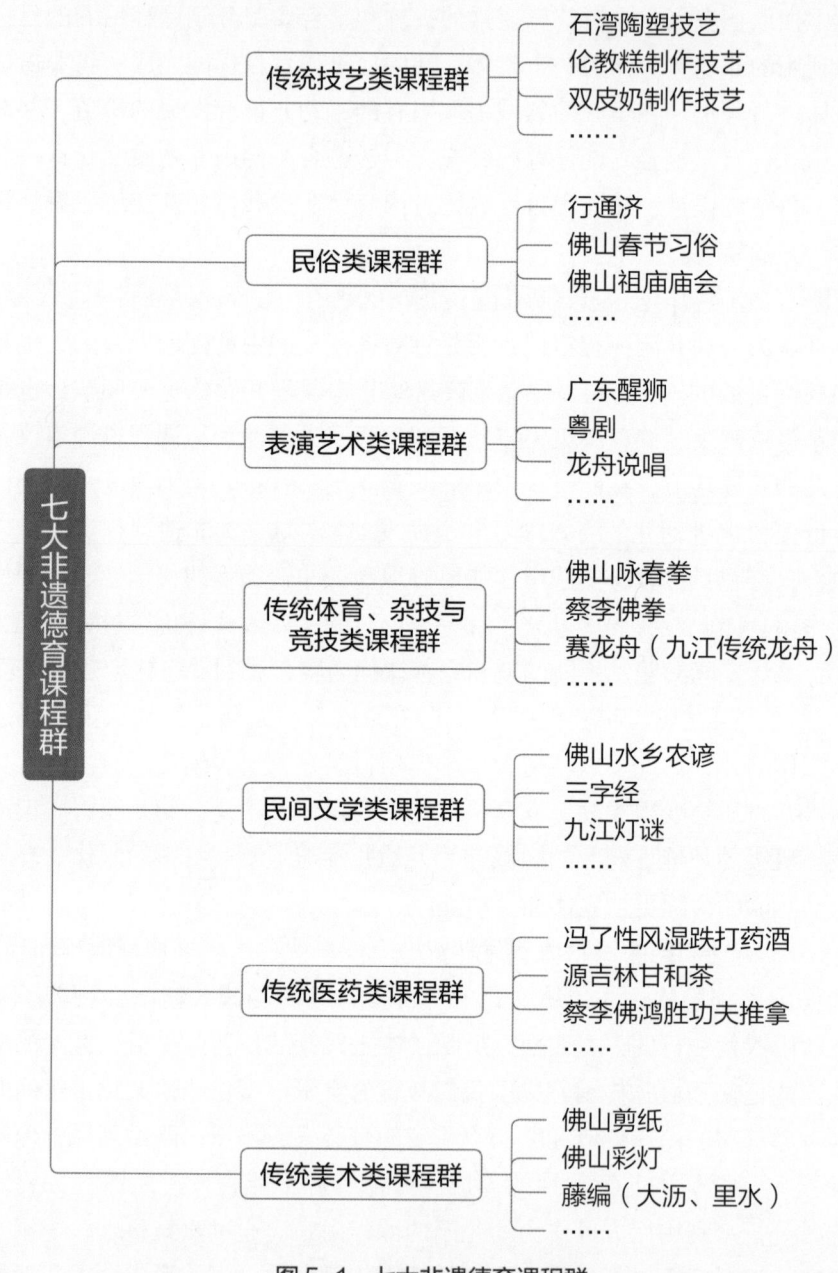

图 5-1 七大非遗德育课程群

佛山非遗文化蕴含着许多值得传承和弘扬的优秀传统民族精神，是极佳的开展幼儿德育的载体。"童趣非遗"德育课程紧紧围绕其培养目标构建德育课程内容，围绕培养幼儿的个性品质、家国情怀和社会规范三大目标，构建指向于自我和情绪情感、指向于他人关系、指向于社会文化关系的三大德育课程内容。德育目标和德育课程框架相互对应，德育内容与非遗文化融合统一，相互渗透，共同致力于促进幼儿发展。

二、"童趣非遗"德育课程内容的选择

课程内容的选择是根据特定的教育价值观及相应的课程目标从学科知识、当代社会生活经验或学习者经验中选择课程要素的过程。《幼儿园教育指南纲要（试行）》指出："幼儿园的教育内容是全面的、启蒙的，可以相对划分为健康、语言、社会、科学、艺术等五个领域，也可作其他不同划分。各领域的内容相互渗透，从不同的角度促进幼儿园情感、态度、能力、知识、技能等方面的发展。"

《幼儿园保育教育质量评估指南》中提道，落实立德树人的根本任务，进行品德启蒙。《幼儿园保育教育质量评估指标》中提道，从点滴做起，为培养德、智、体、美、劳全面发展的社会主义建设者和接班人奠基。课程注重幼儿良好品德和行为习惯形成，培养幼儿爱父母长辈、爱老师同伴、爱集体、爱家长、爱党爱国的情感。"童趣非遗"德育课程主张"大德育"观，以《3~6岁儿童学习发展指南》《幼儿园教育指导纲要（试行）》《幼儿园工作规程》《幼儿园保育教育质量评估指南》等政策文件为指导，围绕指向自我与情绪情感、指向他人关系、指向社会文化关系三个维度的课程内容。

（一）"童趣非遗"德育课程体系

在课程建构层面，注重隐性和显性双融合德育课程。隐性德育课程即环境育人及管理育人课程，显性德育课程即节日活动的育人课程、教学活动的育人课程、社会活动的育人课程。通过二者融合，并通过进一步突出佛山非遗德育课程评价与实践，打造非遗德育的完整课程体系。在资源建设层面，丰富人力资源和课程资源体系建设，落实课程配套资源机制，最终形成全方位、高水平的幼儿园德育课程体系（如图5-2所示）。

将近在身边的非物质文化遗产资源纳入幼儿园课程体系中，形成独特的非遗德育课程资源，这不仅能丰富幼儿园现有的课程内容，而且能够让幼儿在家乡特有的文化情怀中感受、浸润、内化和传承非遗。这既挖掘了本土文化优势，弘扬了民间文化，也促使幼儿在传统与现实中灵动地成长。

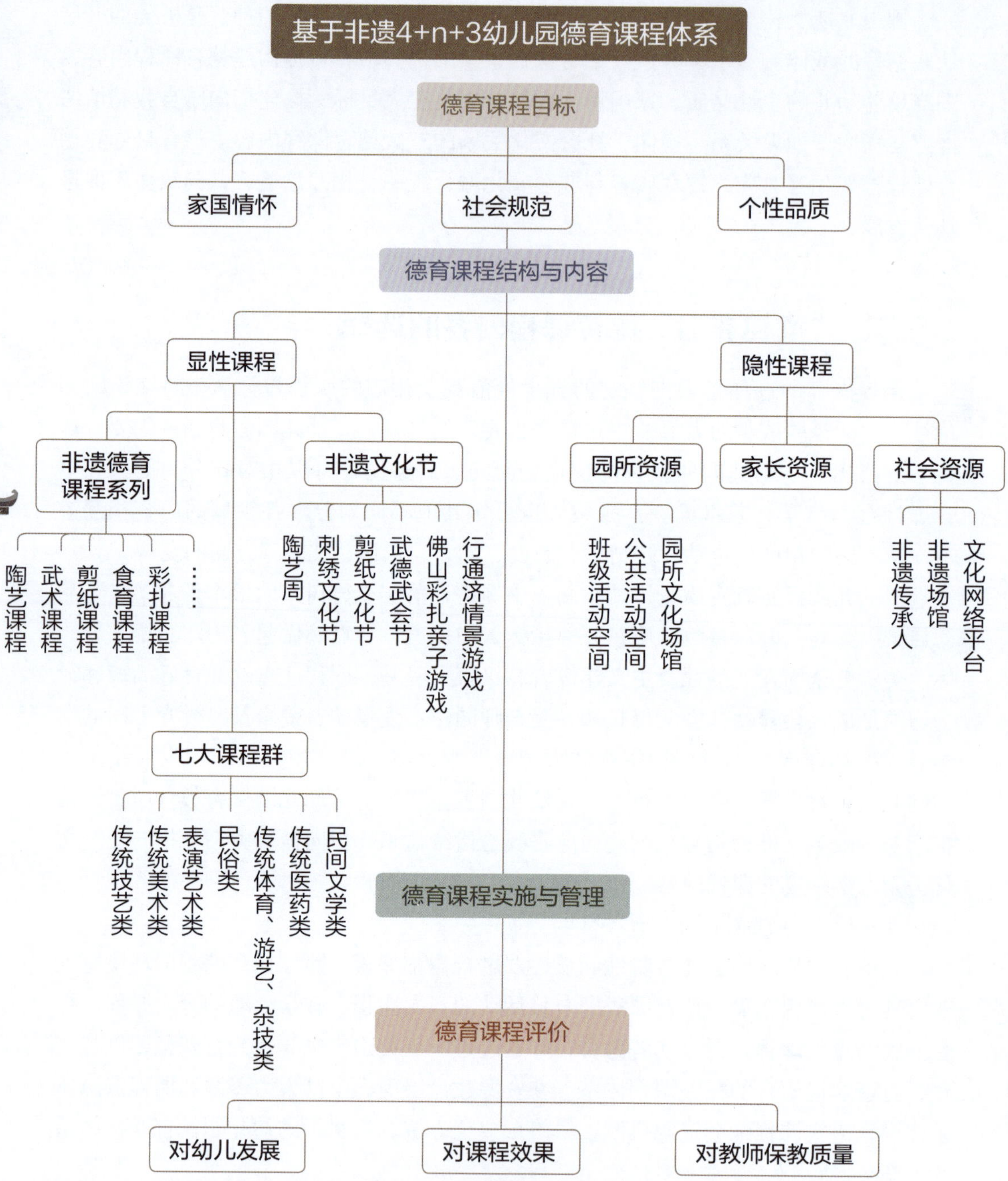

```
                    ┌─────────────────────────────────────┐
                    │   基于非遗4+n+3幼儿园德育课程体系    │
                    └──────────────────┬──────────────────┘
                                       │
                              ┌────────┴────────┐
                              │   德育课程目标   │
                              └────────┬────────┘
              ┌───────────────────────┼───────────────────────┐
         ┌────┴────┐             ┌────┴────┐             ┌────┴────┐
         │ 家国情怀│             │ 社会规范│             │ 个性品质│
         └─────────┘             └─────────┘             └─────────┘
                              ┌────────┴────────┐
                              │德育课程结构与内容│
                              └────────┬────────┘
                         ┌─────────────┴─────────────┐
                    ┌────┴────┐                 ┌────┴────┐
                    │ 显性课程│                 │ 隐性课程│
                    └────┬────┘                 └────┬────┘
```

图 5-2 "童趣非遗"课程体系

（二）课程目标与课程内容框架的对应关系

1. 指向自我与情绪情感部分

围绕个性品质这一培养目标，构建指向自我与情绪情感部分的"童趣非遗"德育课程内容。通过佛山非遗文化这一载体，幼儿获得各种指向自身的能力和品质，并且作为艺术教育的重要形式，佛山非遗对幼儿的发展具有美育和情感教育功能，能陶冶幼儿的情操，使幼儿获得健全的人格。通过指向于幼儿自身的课程内容，可以促进幼儿形成健康的体魄，获得安定的情绪，以及良好的自我管理能力和学习品质。

2. 指向他人关系部分

围绕社会规范这一培养目标，构建指向他人关系部分的"童趣非遗"德育课程内容。指向他人关系部分的德育课程内容旨在帮助幼儿在与他人进行人际交往的过程中学会交往、学会合作，逐步提升人际认知，以社会公德、生活习惯、文明礼貌等规范为主要内容，帮助幼儿养成自觉遵守社会公德和行为规范的习惯。

3. 指向社会文化关系部分

围绕家国情怀这一培养目标，构建指向社会文化关系部分的"童趣非遗"德育课程内容。《幼儿园教育指导纲要（试行）》指出，充分利用社会资源，引导幼儿感受祖国文化的丰富与优秀，感受家乡的变化和发展，激发幼儿爱家乡、爱祖国的情感。通过"童趣非遗"课程帮助幼儿获得初步的社会认知、社会情感，对家乡、对祖国形成归属感。"童趣非遗"德育课程目标及课程框架对应关系如图5-3所示。

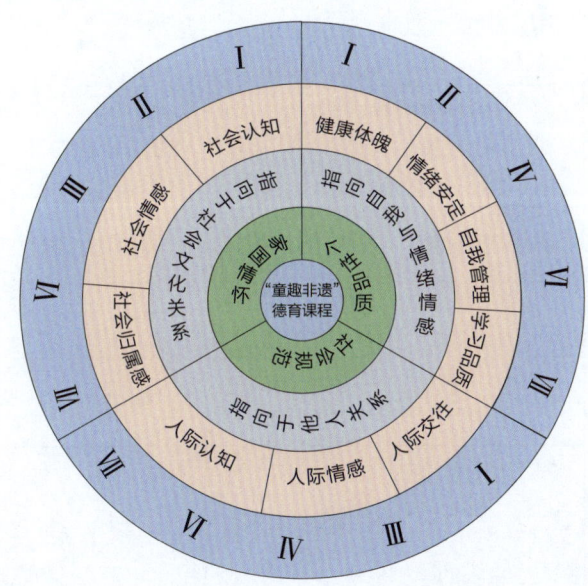

图5-3 "童趣非遗"德育课程架构

序号	非遗项目类型
Ⅰ	手工技艺类
Ⅱ	传统美术类
Ⅲ	民俗类
Ⅳ	表演艺术类
Ⅴ	传统体育、游艺与杂技类
Ⅵ	民间文学类
Ⅶ	传统医学类

第二节 "童趣非遗"德育课程的组织

一、幼儿园课程内容的组织形式

课程内容的组织形式，直接影响课程的性质、形式以及课程实施的效果。课程组织是指在一定价值观的指导下将所选出的各种课程要素妥善组织为课程结构，使各种课程要素在动态运行的课程结构系统中产生合力，以有效实现课程目标。拉尔夫·泰勒在1949年出版的《课程与教学的基本原理》中提出了"怎样有效组织学习经验"的问题，确立了课程组织的基本标准与原则。

表5-1是20个项目核心园主要通过主题探究活动，选择的幼儿园就近的非遗项目，并结合幼儿的年龄特点，呈现出生动形象的非遗德育课程。

表5-1　20个项目核心园整体课程内容组织情况

"非遗润德"课程内容		核心幼儿园	各年龄班主题活动		
			小班	中班	大班
传统技艺类	石湾陶塑技艺类	禅城区石湾第一幼儿园	南风古灶—龙窑探寻之旅	你好，祖庙	醒狮
	食育类	佛山科学技术学院附属幼儿园	双皮奶之旅	舌尖上的陈村粉	花式"濑粉"
		禅城区中心幼儿园	广式萝卜糕	腊肉飘香	酒是不一样
		禅城区玫瑰园幼儿园	我和"礼"有个约会	快乐进餐，美食相伴	品美食，学礼仪
传统美术类	灯彩（佛山彩灯）	禅城区机关第一幼儿园	"赏·玩"彩扎	"彩扎游戏真好玩"	彩扎灯笼
	剪纸（广东剪纸）	禅城区张槎中心幼儿园	1."串"承文化："糖心小铺"诞生记 2.快乐的小蜻蜓	一盅两件，茶味情浓	"狮"在精彩
	藤编（大沥、里水）	禅城区南庄镇南庄幼儿园	遇上藤编	爱上藤编	玩转藤编
	刺绣（广绣）	佛山市惠景幼儿园	"童趣非遗"之绣润童心	指尖上的传承之飞针走线	粤绣粤美
		禅城区溶洲幼儿园	好玩的刺绣	多彩的刺绣	一针一线
民俗类	中秋节（佛山秋色）	佛山市教工第二幼儿园	舞龙灯的传说	佛山秋色	花灯乐

（续上表）

"非遗润德"课程内容	核心幼儿园	各年龄班主题活动		
		小班	中班	大班
民俗类	行通济	禅城区机关第一幼儿园	行通济无闭翳	风车转转	疫情下的元宵节
	佛山春节习俗	禅城区南庄镇中心幼儿园	红彤彤的年	欢乐中国年	浓浓的年味
	佛山春节习俗	禅城区丽日豪庭幼儿园	新年来啦	探秘剪纸背后的秘密	年俗
	佛山春节习俗	禅城区机关第二幼儿园	春节	春节	春节
	扒草艇（湖涌）	禅城区南庄镇湖涌幼儿园	萌娃识草艇	萌娃做草艇	萌娃扒草扒
表演艺术类	狮舞（广东醒师）	禅城区明珠幼儿园	萌娃学武	狮舞飞扬	"鸿"心壮志黄飞鸿
	狮舞（广东醒师）	佛山市幼儿园	趣味醒狮	话说狮韵	拓印南狮之旅
	狮舞（广东醒师）	佛山市儿童活动中心幼儿园	我会舞狮	佛山狮头彩扎	广东醒狮
	粤剧	佛山市蓓蕾幼儿园	粤韵梨园	粤赏粤美	粤剧笃笃锵
	龙舟说唱	禅城区紫南幼儿园	紫南宝宝唱龙舟	祈福声声龙舟说唱	乐唱龙舟
传统体育、游艺与杂技类	蔡李佛拳（佛山）	禅城区同济幼儿园	你好，蔡李佛	玩转蔡李佛	创玩武术
	九江传统（龙舟）	禅城区紫南幼儿园	龙舟趣事	悦玩龙舟	老师和我"睇"龙船
传统医药与历法类	二十四节气	禅城区龙湾幼儿园	小寒、小雪	冬至	大雪

二、"童趣非遗"德育课程内容的组织

课程组织包括两个维度，即"垂直组织"和"水平组织"。课程组织的基本标准包括垂直组织标准和水平组织标准。所谓垂直组织是指将各种课程要素按纵向的发展序列组织起来，课程的垂直组织有两个基本标准，即"连续性"和"顺序性"。所谓水平组织是将各种课程要素按横向（水平）关系组织起来。课程水平组织的基本标准为"整合性"。"童趣非遗"德育课程主题的选择和顺序脉络遵循幼儿的成长规律，各个主题之间都是按照幼儿经验和时间逻辑相互联系，同时遵循"连续性""顺序性""整合性"三个组织标准。"童趣非遗"课程内容组织呈

现螺旋式上升，使幼儿每次都能获得进一步的理解和运用，实现深度学习（见表5-2、表5-3）。

表5-2 "童趣非遗"德育课程之一（9月—翌年1月）主题一览

分类		9月	10月	11月	12月	1月
小班	主题活动名称	初见蔡李佛	遇见蔡李佛	我爱蔡李佛	习武礼仪	初入武林
	德育重点	初步感知蔡李佛拳，激发幼儿爱家爱国的情感	感受蔡李佛拳的红色文化基因，激发幼儿爱家爱国的情感	在游戏活动中初步学习基本的动作招式	学习蔡李佛拳蕴含武德方面的文化，体现谦逊、文明的德育教育	通过学习蔡李佛拳，提升幼儿勇敢、自信方面的品质
	活动形式	集体教学	亲子活动	游戏活动	生活活动	集体教学
中班	主题活动名称	探索蔡李佛	打卡鸿胜馆	刀光剑影	武动蔡李佛	我的自创招式
	德育重点	带领幼儿去探索鸿胜馆、了解鸿胜馆，增强幼儿对鸿胜馆的认识，激发幼儿爱家爱国的情怀	进一步感受蔡李佛拳的红色文化基因，激发幼儿爱家爱国的情感	通过艺术活动提高幼儿对武术的兴趣，鼓励幼儿创编故事，提高幼儿的思维能力，感知中国传统文化的魅力，培养幼儿爱国主义情怀	学习蔡李佛拳蕴含武德方面的文化，体现谦逊、文明的德育教育	通过艺术活动提高幼儿对武术的兴趣，鼓励幼儿创编故事，提高幼儿的思维能力，感知中国传统文化的魅力，培养幼儿爱国主义情怀
	活动形式	集体教学	社会实践活动	区域活动	分组教学	区域活动
大班	主题活动名称	功夫小达人	武林秘籍	鸿胜馆的故事	吴勤烈士	狮武同乐
	德育重点	增强幼儿体质的同时，帮助幼儿体验中华武术魂	通过艺术活动提高幼儿对武术的兴趣，鼓励幼儿创编故事，提高幼儿的思维能力，感知中国传统文化的魅力，培养幼儿爱国主义情怀	带领幼儿挖掘蔡李佛拳传承人的红色故事，增强幼儿爱家爱国的情怀	带领幼儿挖掘蔡李佛拳传承人的红色故事，增强幼儿爱家爱国的情怀	通过展示社会艺术领域方面的成果，增强幼儿对非遗文化的认识
	活动形式	集体活动	区域活动	社会实践活动	集体活动	区域活动

表5-3 "童趣非遗"德育课程之二（9月—翌年1月）主题一览

分类		9月	10月	11月	12月	1月
小班	主题活动名称	龙舟趣事	趣玩龙舟	龙舟乐	悦玩龙舟	龙舟展览会
	德育重点	培养幼儿热爱家乡、热爱本土文化的情感	通过龙舟德育游戏，培养幼儿团结协作、拼搏进取的精神	通过学习龙舟说唱，培养幼儿爱学习的良好习惯	通过制作龙舟，培养幼儿学会与同伴友好相处、交往合作的能力	通过龙舟展览会，让幼儿体验游戏的快乐、培养幼儿交往合作的能力
	活动形式	区域活动、集体教学	游戏活动、分组教学	集体教学、分组教学	区域活动、亲子活动	区域活动、亲子活动
中班	主题活动名称	龙娃戏龙舟	悦玩龙舟	龙舟创想	龙舟搭搭乐	龙舟博览会
	德育重点	通过龙舟操培养幼儿努力拼搏、坚持不懈的精神	通过龙舟德育游戏，培养幼儿团结合作、乐享游戏的精神	通过绘画、捏泥、手工等多种形式让幼儿学会表达自己的所见所想	通过搭建龙舟培养幼儿的思维能力，以及同伴之间的合作能力	通过龙舟博览会的展示，锻炼幼儿的口语表达能力，以及体验参加群体活动的乐趣
	活动形式	早操、运动、游戏律动	分组教学，游戏比赛活动	集体教学、分组教学、亲子活动	区域活动，亲子活动	区域活动，亲子活动
大班	主题活动名称	传统龙舟习俗	寻龙记（纳德利龙舟活动训练基地）	创龙舟	咚锵！龙舟说唱	龙舟博览会
	德育重点	通过对龙舟传统习俗的了解，加深幼儿对龙舟文化的认识	通过寻龙记活动，让幼儿亲身体验本土的龙舟文化，认识制作龙舟的工具、材料	通过小组合作，利用蔬菜、水果、面粉等材料创作新型的龙舟，培养幼儿与同伴间的合作精神	营造一种快乐、共同合作的学习氛围，培养幼儿对民间传统文化遗产的保护和传承意识	通过折、画、剪、刻制作龙舟展品，传承优秀的传统文化，锻炼幼儿的动手和创新能力
	活动形式	集体活动、生活活动	研学活动、小组活动	小组活动、区域活动	集体活动、区域活动	集体活动、区域活动

第六章 「童趣非遗」德育课程的实施

第一节 "童趣非遗"德育课程的实施路径

一、课程的研发与实施流程

"童趣非遗"德育课程的开发与实施有利于解决本园教师在教育教学过程中所面临的实际问题,提升教师非遗技能及非遗文化素养,进而促进幼儿个性和品德发展。

我们确立了"一体两翼,全员参与,区域共同体协同发展"项目实施制度。"一体"指项目实践单位,"两翼"指高校专家与研究机构专家,"全员"指的是全区20个学前教育发展共同体。全区以共同体为研究单位,采取"名园+民园"的方式,将全区157所幼儿园凝聚在一起,充分调动核心项目园与实验园的积极性,形成多元互动的研究共同体与教师培训平台(如图6-1所示)。

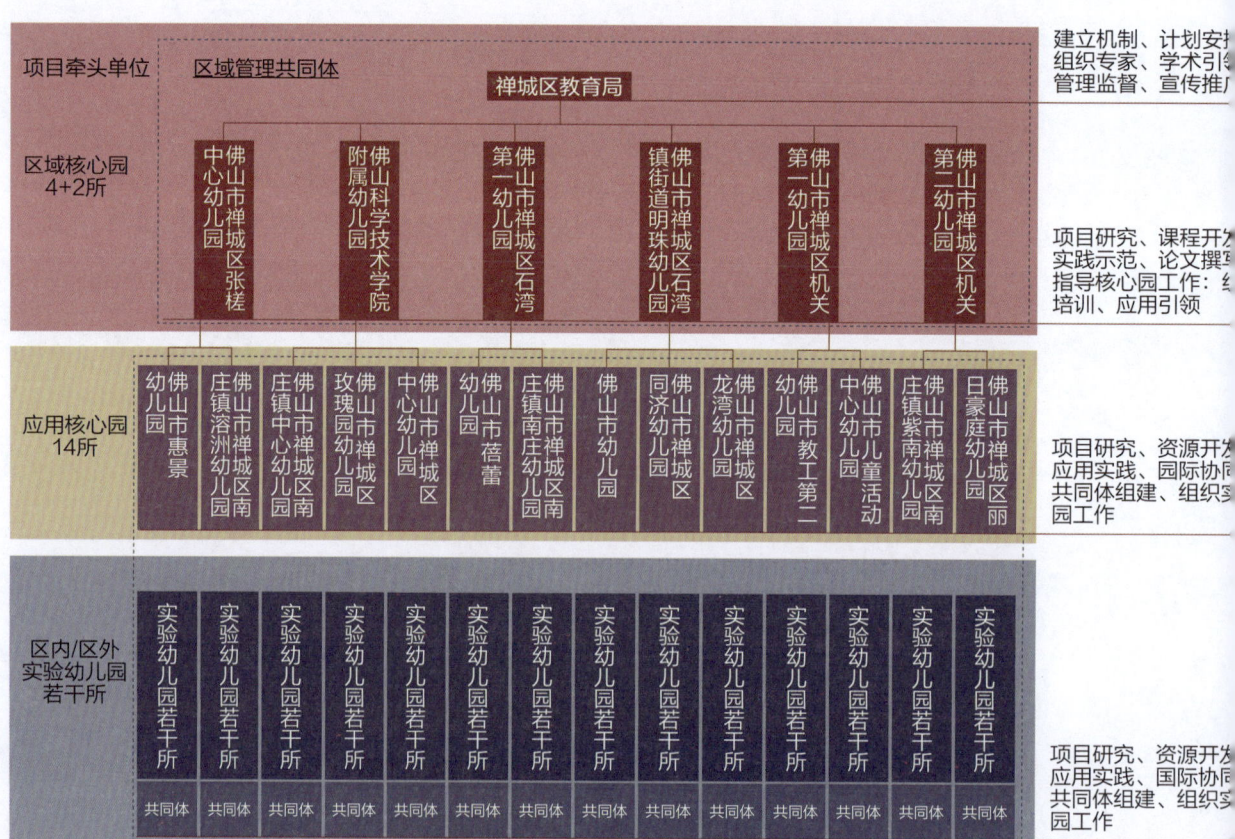

图6-1 禅城区区域共同体协同发展框架

我们依托幼儿园、家庭和社会，"三位一体"全方位实施非遗德育课程，建设政府—高校—社会—幼儿园（G-U-S-K）"四位一体"的综合联动机制，充分挖掘本土的、中国的、世界的非遗文化资源，建立科学系统的区域非遗德育课程体系。打造文教良性互动的良好局面，各部门的职责分别为：政府负责打通相关部门之间的壁垒，形成强有力的政策推动和资金支持；高校负责学前教育理论及非遗文化实操层面的指导；社区为课程实施提供资源和活动支持，以及德育课程成果宣传与推广；幼儿园则负责非遗德育课程的具体实施与研究（如图6-2所示）。

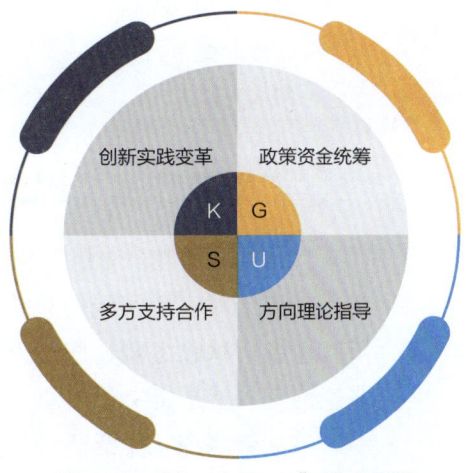

图6-2 "G-U-S-K"模式示意

二、幼儿园"童趣非遗"德育课程的实施路径

"非遗润德"课程的实施路径（如图6-3所示）以非遗"美"（欣赏）为起点，"德"（善行）为终点，在师生的交互作用下，实现"德育情境""道德感悟""道德情感""道德行为""道德品质"之间的递进发展。非遗德育课程力图以情感为突破口，通过寻找欣赏的视角，使幼儿情感发生变化，从而引导德育主体实现道德的自主建构，最后提升道德主体的品德水平。

在非遗德育中，幼儿园和教师为幼儿创设一个真实且贴近幼儿生活的非遗润德情境，引导幼儿在非遗情境中体验非遗、感悟非遗，并在不断探索中发现问题、解决问题，教师在非遗德育的情境中通过语言、动作进一步强化幼儿的道德情感，在非遗活动中不断递进和升华道德情感、积淀情感，通过浓烈的道德情感内发地产生道德行为，从而以一种螺旋上升、潜移默化的方式提升幼儿的道德水平。

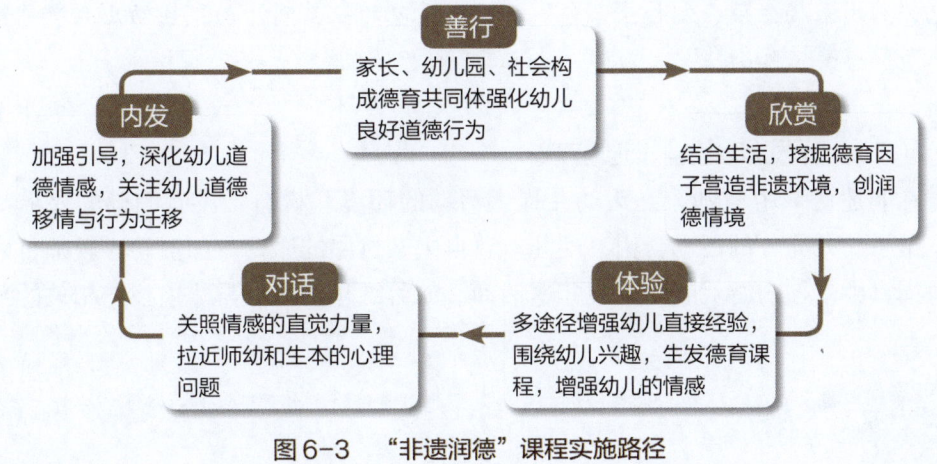

图6-3 "非遗润德"课程实施路径

第二节 "童趣非遗"德育课程的实施途径

一、"童趣非遗"德育课程实施的基础性途径

（一）融入幼儿一日生活

文化来源于对生活实践的总结、升华，包含着丰富的内涵，春日新生、夏虫寻趣、落叶思亲、秋收冬藏、四时万物和节庆风俗，都是幼儿生活的课堂。在幼儿园实施非遗德育，就是将文化还原在幼儿可知可感的生活之中。①

一日生活皆课程，生活活动包括入园、进餐、睡眠、如厕、盥洗、离园等。生活活动具有许多隐性的教育价值，教师将非遗文化融入一日生活，将对幼儿产生潜移默化的影响。在具体操作上，可将挖掘出来的非遗文化资源进行筛选，根据其内容的教育价值，结合幼儿一日生活的各环节，将不同内容放在不同的环节。如将民俗类非遗中的民俗礼仪应用在幼儿入园和离园过程，将传统体育类非遗融入早操活动中，把改编好的表演艺术类非遗如粤剧、龙舟说唱应用到过渡环节，等等。

[幼儿园实践案例]　年年生"财"

小朋友们在幼儿园的农耕园里收获了一棵棵翠绿的生菜，他们在体验收获的喜悦中闲聊着如何食用这美味的生菜。芯瑜说："我最喜欢的是蚝油生菜了。"友友就说："我想做三明治，把生菜放在里面可好吃了。"从小朋友们你一言我一语的讨论中，看得出小朋友们对食材制作已有经验，但对于佛山年俗特色的生菜菜式并不了解。于是，我们让小朋友与家长一起调查，佛山关于生菜的传统菜式有什么。

通过调查，发现在佛山官窑有一个非遗民俗文化庙会活动——生菜会，其中以生菜包最具有地方特色，寓意着生财、显贵、长久。心动不如行动，我们老师准备好了腊味、蚬肉和韭菜等馅料，让小朋友们动手制作起来。

年年生"财"这个体验活动，让幼儿用自己种植的生菜制作了年俗特色美食生菜包，利用采摘生菜、制作生菜包、品尝生菜包的一系列活动，让幼儿品尝"岭南年味"、感受"岭南情"。

（二）开发幼儿园非遗游戏

在非遗游戏中教师只是为幼儿提供活动的环境和材料，没有明确的要求与规定，给予幼儿充分的活动自由，幼儿本着自主、自愿的原则参加活动，教师可以利用每周自由掌控的游戏时间开展非遗活动，如剪纸、陶泥等与非遗技艺相关的游戏

---

① 黄爽、王岚、刘璐：《中华优秀传统文化融入幼儿园课程的实践及反思》，载《基础教育课程》2019年第24期，第26-31页。

或者在非遗文化中挖掘的民间游戏，也可以在活动室开辟专门的非遗项目区角，幼儿利用自由活动时间到非遗项目区角进行欣赏、操作、创作等活动。例如，针对粤剧这一非遗项目，教师设计活动让幼儿制作粤剧头饰。粤剧头饰中有穿珠子的环节，幼儿在反复尝试的过程中习得了穿珠子的技能，锻炼了手部动作，在完成穿珠子的操作后，幼儿看着自己创作的粤剧头饰作品能感受到成功的喜悦，并体会到粤剧头饰的美感，对粤剧头冠产生兴趣。

[幼儿园实践案例] 好玩的藤球

南庄幼儿园小班在开展关于藤球的课程，球的多样玩法给孩子们带来了极大的乐趣，而且在课程中，提高了幼儿的头脑反应、手眼协调和动作技巧能力。我们通过偶遇藤球—认识藤球—亲子制作藤球—和藤球玩游戏—寻找生活中的藤，一起探讨藤球的各种玩法。

藤球做好了，孩子们开心地拿回幼儿园，迫不及待要和藤球玩游戏了。

好玩的藤球生成来源于孩子们的发现和兴趣，孩子们都想到了很多藤球的玩法，还解锁了很多藤球游戏，在玩的过程中，孩子们发展了创造能力、身体协调能力，同时也收获了丰富的经验。我相信，正因为孩子们的好奇心，才可以挖掘出藤球更多的新发现，探索出更多的新玩法。家长的参与使其对课程有了全新的认识和了解，家长的陪伴不仅能见证孩子的变化与成长，也让亲子关系变得更加亲密。

（三）融入五大领域

领衔标杆园，通过专家研讨坊，探索建设非遗润德园本课程，将非遗融入幼儿园，将德育融入幼儿教育五大领域。通过"非遗润德"课程的实施，促进幼儿全面发展的同时，实现培养幼儿"家国情怀""个性品质"和"社会规则"三大德育目标（如图6-4所示）。

《广东省幼儿园一日活动指引（试行）》中指出，学习活动是指教师采用游戏、谈话、实验、操作、实地参观、听赏、表演等多种方式，有目的、有计划地引导幼儿通过直接感知、实际操作和亲身体验获取经验，帮助幼儿逐步养成积极主动、认真专注、敢于探究和尝试、乐于想象和创造等良好学习品质。针对非遗德育活动的特点，活动过程将集中与分组相结合，根据实际需要灵活变换。例如，以教师为主导的介绍，带领幼儿观察、讨论、感知的环节采取集中的方式，在幼儿探索、体验、操作、创造与表现等环节采取小组活动方式，保证每个幼儿积极参与活动中，充分发挥主体作用。又如，教学双皮奶这一食育文化时，教师可以结合情境活动，引导幼儿学习5以内的数物对应，并结合食育课程"佛山名小吃——双皮奶"，提出"为家人买双皮奶"的要求，让幼儿在实际情境中学习，获得知识经验。

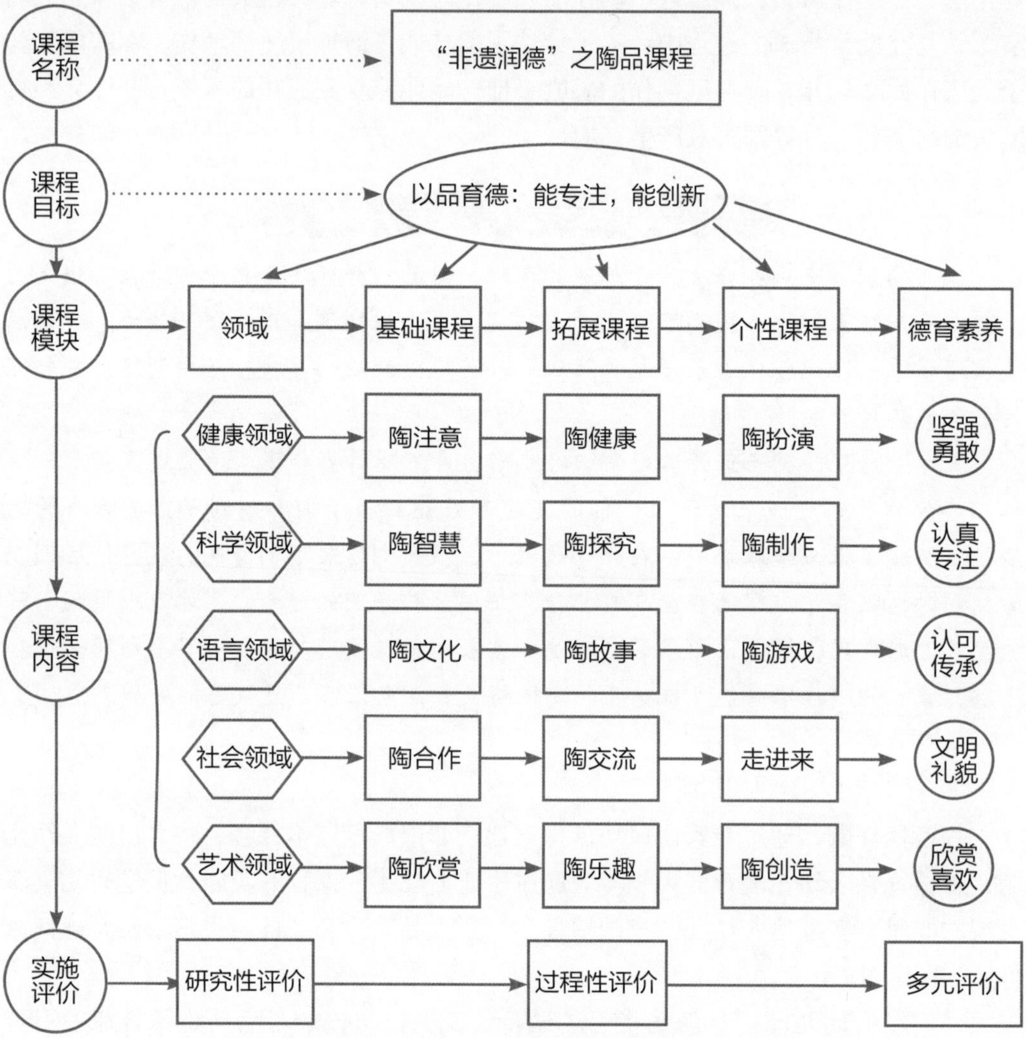

```
课程名称 ········> "非遗润德"之陶品课程

课程目标 ········> 以品育德：能专注，能创新

课程模块 → 领域 → 基础课程 → 拓展课程 → 个性课程 → 德育素养

课程内容：
- 健康领域 → 陶注意 → 陶健康 → 陶扮演 → 坚强勇敢
- 科学领域 → 陶智慧 → 陶探究 → 陶制作 → 认真专注
- 语言领域 → 陶文化 → 陶故事 → 陶游戏 → 认可传承
- 社会领域 → 陶合作 → 陶交流 → 走进来 → 文明礼貌
- 艺术领域 → 陶欣赏 → 陶乐趣 → 陶创造 → 欣赏喜欢

实施评价 → 研究性评价 → 过程性评价 → 多元评价
```

图6-4 幼儿园"陶艺"课程框架

（四）"童趣非遗"主题探究活动

基于非遗的幼儿园德育课程主要以主题活动的模式来实施，因为综合主题活动能集中体现非遗的教育价值，将非遗与幼儿教育的各领域深度融合，幼儿园根据实际情况，选择某项"非遗"融入幼儿园，根据幼儿的兴趣点，不断生成课程，进行主题活动探究（如图6-5所示）。主题可以从表演艺术类、民俗类、传统美术类等七大类别中挑选，结合幼儿的兴趣和生活，在瑞吉欧课程理念指导下，在与五大领域融合的过程中生成课程。

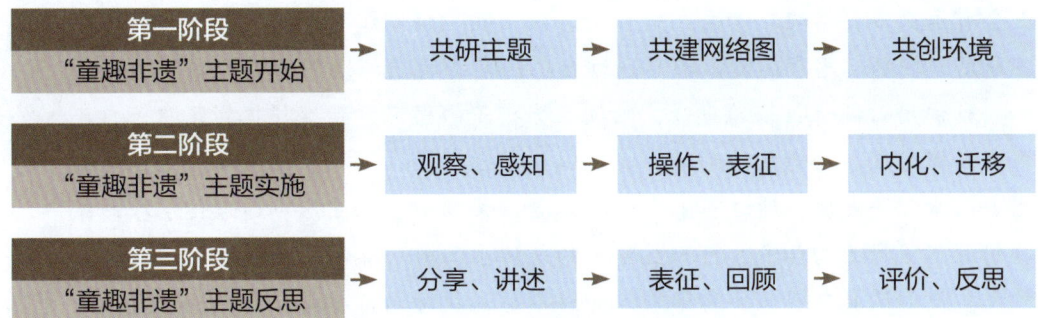

图 6-5 "童趣非遗"主题活动流程

[幼儿园实践案例] 舌尖上的陈村粉

非遗主题活动"舌尖上的陈村粉"是通过一个又一个问题来推动和引发的，在这个过程中，教师根据孩子的思路进行分析，筛选有价值的话题，提供专业支持以推动活动的进一步展开。整个过程就是教师和孩子、孩子与家长、孩子和孩子、孩子和环境，甚至是孩子自己和自己本身不断发生碰撞的过程（如图6-6所示）。

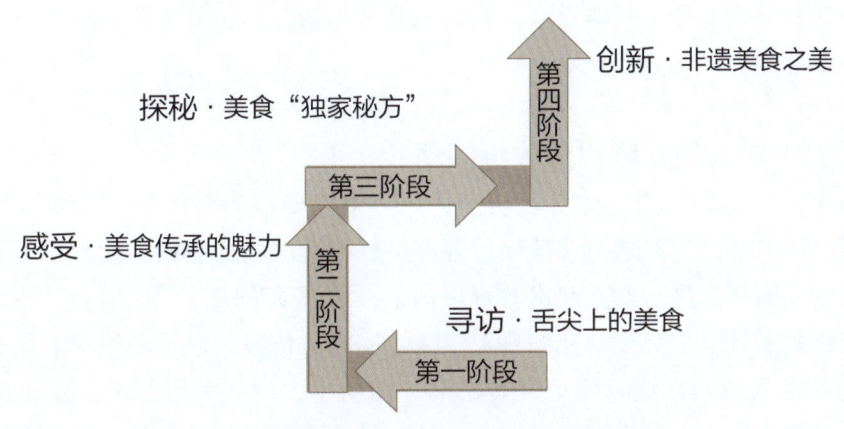

图 6-6 "童趣非遗"食育类德育课程实施路径

如何推动中班孩子在"舌尖上的陈村粉"主题活动中的探究呢？在开展制作陈村粉这个主题教学活动中，由于制作陈村粉的工艺复杂，对于中班年龄段的孩子来说，完成整个工序操作有一定的难度，但我们开展这个主题活动的重点是让幼儿更深刻地了解佛山本土文化，从而对佛山传统美食产生自豪感，对家乡文化产生认同感，让幼儿理解工匠的坚持精神。思考再三，我们决定跟随孩子的思路和脚步，把这些问题当作自身课程实践的探究点，迎难而上。

带着这些问题，我们尝试开展相关的主题活动。在孩子围绕"制作陈村粉"进行探索的行动过程中，我们发现孩子都乐意参与其中，虽然做不出正宗的陈村粉，但孩子在学习过程中都能有新发现。老师发现，孩子们品尝陈村粉时的兴趣点并不是陈村粉的制作过程，而是制作材料有哪些，为什么做出来是这个样子，以及为什么会有这么多种搭配。于是，老师跟着孩子的步伐继续往前走。在学习过程中幼儿不断发现问题、思考问题，最后通过自己的实践找出解决问题的方法。

我们用心倾听孩子的声音，细细品味孩子的思考方式，捕捉到了孩子自己生发出来的探究点。在开展活动时，我们以视觉性、操作性较强的活动为主，让孩子自己去探索、去发现，通过多感官刺激体验，帮助孩子在生活中通过传承人的故事，联想到不同产业的传承，可知最可贵的是传承品质。非遗传承，传承的是"工匠精神"。他们认真钻研，反复琢磨，一丝不苟，获得同行推崇、社会认可。他们精湛的技艺之所以传承千百年，不仅让作为中国人的我们为之骄傲，让世人赞叹，更让我们从中感受到他们精湛技艺背后那蕴含着对技艺精益求精、兢兢业业、一丝不苟的"匠人精神"，从而对美食之乡产生由心而发的自豪感。

开展"佛山名小吃"的主题活动后，孩子们对佛山美食有了初步的了解，发现原来广东人的"叹早茶"也是闻名全国的。而在本次非遗主题活动"舌尖上的陈村粉"的探索和学习中，也初步了解到广东人喜欢吃和很会吃的原因，知道广东美食驰名中外的原因是我们不断改革创新出更多更美味的食物。孩子也感觉到生活在一个美食之乡很自豪、很幸福，他们随时随地可以亲身感受和体验这种美食文化，品尝各种家乡特色美食。一路走来，我们也非常感谢孩子，因为他们给老师带来了许多不一样的思考和学习，激励老师在专业实践的道路上勇于探索，不断精进！

（五）融入幼儿园户外体育活动

将佛山非遗融入户外体育活动中，一方面以非遗为载体开展户外体育活动，如醒狮、武术等，这是通过非遗项目开展户外活动的主要途径。武术教育的开展路径：对幼儿园教师进行幼儿武术教育培训，采取"请进来""走出去"的方式，让教师们将武术教育贯穿到幼儿的日常生活。同时，传授给教师一些武术经验，提高教师的武术素质。在武术活动开展初期，面向小、中、大班每班设立一次武术体验课程，初步实现让每个孩子了解武术的目的，再加上日常生活中的武术活动和游戏，使武术成为孩子生活中不可缺少的一部分。[①] 另一方面则是在体育活动中融入非遗元素，例如，开展户外活动时通过一些情境引入活动，将非遗故事融入活动情境中，增添户外活动的趣味性和文化浸润性；再如，将非遗文化中的礼仪等内容融入体育活动开展的过程中，对幼儿的发展起到潜移默化的作用。此外，将划龙舟这一非遗项目作为幼儿的体育活动之一，让幼儿敢于在体育游戏活动中大胆尝试，感受团队配合的力量，体验玩龙舟的愉悦感与同伴合作带来的快乐。

---

① 韩映虹、徐福景：《"非遗"传承视角下的幼儿园武术教育》，载《天津师范大学学报（基础教育版）》2018年第19期，第85-88页。

[幼儿园实践案例] 玩转端午·"粽"情欢乐

为了弘扬中华民族传统文化，让孩子们了解和体验端午节的传统习俗，6月IEC丽日豪庭幼儿园开展了关于中国传统节日文化"玩转端午·'粽'情欢乐"端午节系列探究主题活动。赛龙舟是端午节其中一个民间习俗，也是佛山具有代表性的非遗项目。我们组织这场活动，是为了让孩子们感受端午节的快乐气息，了解端午节的一些习俗，如划龙舟、包粽子、挂香包等。随着主题活动的持续深入，幼儿对划龙舟的兴趣越发浓厚，在教师的支持下，幼儿拥有大量丰富的操作材料，他们分小组制作了纸皮龙舟、巨型龙舟、水瓶龙舟，虽然在制作过程中遇到不少困难，比如怎么让龙舟更加立体、龙舟怎么样才可以划起来、水瓶粘不牢容易漏水怎么办等等，最终在教师的支持和同伴的协作下，三种龙舟都制作完成。

1. 陆上龙舟比赛

终于到了赛龙舟的时刻了。瞧！操场上锣鼓声天、热闹非凡，原来大家正在举行"赛龙舟"活动呢。孩子们天天期盼的龙舟赛终于开始了！让我们一起验证一下，用纸皮箱做的龙舟，哪个跑得更快吧！场上激烈万分，台下的啦啦队也在疯狂呐喊！

总以为在陆地上赛龙舟是非常容易的事情，可是玩起来一点都不容易，需要大家齐心协力、共同配合，才能到达终点站。大大的凳子龙舟又是怎样的呢？用凳子搭成的龙舟究竟蕴含着什么秘密呢？孩子们带着这些疑问，坐上了这条庞大的"龙舟"，举起鼓棍和双桨，一起寻找秘密来了。原来，这艘"龙舟"上摆放着一个大鼓，大家在划动船桨的时候要跟随鼓声而动，不能随意乱划，这样才能进行龙舟竞赛。

2. 水上龙舟比赛

我们来游泳池看一看。浮力的魔力就隐含在这条即将下水的龙舟里，猜猜小朋友们会发现它吗？我们一起来看看吧！

两个人、三个人，都可以承载喔，看，我们的龙舟成功载人下水啦！可以用水漂当船桨，也可以用矿泉水瓶当船桨，是不是还缺点什么呢？

你来划船，我来敲鼓啦！咚咚锵、咚咚锵，跟随着节奏划船吧，让船儿快速地向前行驶。

孩子们在玩中学，明白了合作的重要性，知道了节奏协调、水中浮力等等，教师们在整个活动中只是引导者，孩子们是主导者，因此，不管是孩子还是教师都乐在其中。

二、"童趣非遗"德育课程实施的渗透性途径

几百年来,广大民众创造的无数非物质文化遗产,已如水般渗透他们的生活中。利用幼儿园的恰当时机进行非遗活动,使非遗德育有机地渗透幼儿园课程中,是"童趣非遗"德育课程实施的重要途径之一。非遗德育的环境包含物理环境、心理环境和人文环境等多个层面,物理环境与人文环境往往构成精神文化环境,这对人的成长起着潜移默化的作用。

(一)融入幼儿园物质环境

文化熏陶是一个持续、渐进的过程。幼儿园的物质环境是彰显民族精神的重要门户,具有隐性教育功能。它能通过可见、可感、可操作的文化对儿童的归属感、认同感以及获得感起到重要催化作用,从而实现对非遗文化的直接感知。①

幼儿园非遗德育的环境创设分为两大部分:一部分是幼儿园创设的公共环境,主要在园所的大墙、大厅、走廊、宣传栏、楼梯间等空间位置。② 这些公共空间环境对幼儿有着强烈的视觉冲击,是最能展示一所幼儿园园所风貌和特色的地方。因此,在公共环境的创设中除了要关注教育性、艺术性、参与性、适宜性等原则外,还要考虑环境创设的整体性、层次性、协调性和突出特色的原则,从本园的实际情况出发,遵循幼儿身心发展规律,挖掘和筛选出富有浓郁非遗文化风格和生活气息,符合不同年龄阶段、不同性别和性格的儿童需求,深受儿童喜爱的传统节日、传统艺术、民间工艺、民俗风情等内容融入环境中,巧妙利用幼儿园墙面、门厅、楼梯间、宣传栏、家园联系地等空间,提供幼儿理解的图片、雕塑、手工作品等,分阶段、分层次地布置在环境中。③ 幼儿教师通过对幼儿园非遗项目、幼儿的特点以及幼儿园开展的活动进行分析商讨,将好的想法和创意集合起来,成立环境创设小组进行非遗环境创设。孩子们每日穿梭于特色楼梯之间,仿佛置身于非遗文化的浩瀚海洋中,不断地建构对非遗文化的初步认知。

"蔡李佛拳"武术环境创设方案

一、"蔡李佛拳"武术课程环境创设理念

《幼儿园教育指导纲要(试行)》中明确指出:"环境是重要的教育资源,应通过环境的创设和利用,有效地促进幼儿的发展。"武术文化教育要渗透到骨子里,首先要使幼儿周围的环境呈现浓厚的武术文化特色,因此,幼儿园对室外空间进行了改造,将武术理念通过环境呈现给幼儿。在进行环境打造时,幼儿也成为环

---

① 吴荔红、曹楠:《幼儿园传统文化教育的价值诉求》,见《中国教育报》2018年7月5日。
② 屈晶晶:《幼儿园优秀传统文化教育教学的实践研究》(硕士学位论文),陕西师范大学2016年,第28页。
③ 廖庭婷:《幼儿园优秀传统文化教育课程的个案研究》(硕士学位论文),福建师范大学2018年,第37-50页。

境创设的主角，亲身参与到环境创设中。幼儿园在创设武术环境时给幼儿创设自主愉悦的习武环境，提高幼儿学习武术的积极性和有效性。

二、幼儿园户外大环境

开阔的场地有助于户外体育活动的开展，幼儿园利用户外草地，在围栏、围墙、飘蓬等地方粘贴、悬挂幼儿武术活动、武术套路、武德故事的图片，还发动亲子自制武术卡通人物、大沙包、功夫阁大舞台、狮头，使幼儿一进园就能体验到自由愉悦的武术环境，产生参与武术活动的浓厚兴趣。例如，将风车剧场创设为"功夫阁"，里面摆放的兵器、醒狮都是师幼合作、亲子合作制作完成的，甚至连如何摆放都是幼儿亲自参与，幼儿可随时随地感受武术的氛围。

三、室内空间创设

教师为了激发幼儿对学习"蔡李佛拳"的兴趣，在主题墙、课室内布置"蔡李佛拳"文化的童谣图片、武术招式图等。通过环境这种"隐性课程"，让幼儿在不经意地抬眼、转角时都能与"蔡李佛拳"武术文化不期而遇。（如图6-7、表6-1所示）

图6-7 室内空间创设

表6-1 "蔡李佛拳"武术环境创设方案

环创板块		环创内容	所需材料
主题墙	识武趣展武姿	展示和分享蔡李佛拳的基本套路和招式。幼儿自己设计喜爱的武术书签、功夫小人和武术小书（如图6-8所示）	1. 蔡李佛拳武术简介及套路介绍 2. 幼儿开展蔡李佛拳活动图片 3. 各类武术手工作品
展示墙	武招式	蔡李佛拳拥有各种各样的武术套路，幼儿通过学习蔡李佛拳后认识不同招式，以文字和图片形式的记录幼儿的风采（如图6-9所示）	1. KT板 2. 幼儿学习蔡李佛拳的风采图片 3. 教师文字记录
操作墙	武悦乐园	幼儿通过运用不同的材料，结合学过的武术动作，制作武术公仔（如图6-10所示）	1. 多种颜色的黏土 2. 武术公仔完成记录表 3. 扭扭棒 4. 吸管 5. 瓶盖
	武术创想	利用各种美工材料让幼儿自主创作武术作品（如图6-11所示）	1. 彩纸、卡纸 2. 雪糕棒 3. 剪刀 4. 双面胶
	花式武术	在主题墙上展示和分享武术的基本动作、学武术的作用。包括幼儿自己创编武术招式，以及自己喜爱的武术动作操作绘画、我认识的蔡李佛拳、功夫小子等（如图6-12所示）	KT板、蛋糕碟、牛皮纸

图6-8 主题墙

图 6-9 展示墙·武招式

图 6-10 操作墙·武悦乐园

图 6-11 操作墙·武术创想

图 6-12 操作墙·花式武术

另一部分是各个班级自己的环境创设，主要是在班级门口、教室内以及各班区角等空间位置，班级内的环境创设是由各班教师根据自己班级的情况自由创设的，教师可以配合着教育教学内容，创设相关主题的主题墙和区角等。① 幼儿教师根据幼儿园实际和幼儿身心发展特点，进行大胆构思、精巧设计、精心创设，充分利用剪纸等非遗材料，营造独具特色的非遗环境主题墙。幼儿园应重视在物质环境创设中渗透和植入传统文化元素，以增强幼儿园的传统文化底蕴，滋养幼儿的心灵。② 随着时节的变化，幼儿园墙面上的装饰会更换并突显非遗元素，例如，幼儿亲手创作作品，师幼、亲子共同完成作品，非遗大师以及具有技艺的家长的作品等。幼儿无时无刻不浸润在浓浓的非遗传统文化氛围中。

佛山市禅城区的各所幼儿园致力于打造浸润式非遗环境创设，幼儿教师有意识地将非遗融入幼儿的生活中，融入幼儿园的环境中，让孩子在非遗文化的浸染下自然成长为爱佛山、爱祖国的文化传承人。

[幼儿园实践案例] 班级非遗食育主题环境展示——好事生财生菜会

主题墙 以浅灰色为底，绿色和黑色牛皮纸为衬托（如图6-13所示）。

图6-13 主题墙

---

① 屈晶晶：《幼儿园优秀传统文化教育教学的实践研究》（硕士学位论文），陕西师范大学2016年，第28-38页。
② 黄爽、王岚、刘璐：《中华优秀传统文化融入幼儿园课程的实践及反思》，载《基础教育课程》2019年第24期，第26-31页。

 贴上主题名称。让幼儿用大头笔画出主题名称，并让幼儿参与环创布置，介绍我们班"好事生财"的主题缘起（如图6-14所示）。

图6-14 板块一展示

 关于这个主题的探索是源于开学时醒狮采青，采的是生菜，幼儿知道生菜是代表生财，同时大家也提出疑问，为什么醒狮不采其他菜？所以，在这个板块我们会粘贴幼儿观看醒狮表演的照片，并加上幼儿在观看过程中说的话及提出的问题（如图6-15所示）。

图6-15 板块二展示

 呈现幼儿的调查表。调查表1："生菜"，挑选8张幼儿制作得较完整的调查表，加上幼儿在分享调查表时的话。经过表1的调查，在分享的过程中幼儿发现生菜代表的都是好意头、吉祥的意思。于是我们开始了调查表2："广东人的好意头"，收集日常生活中哪些菜肴或物品有好意头的说法（如图6-16所示）。

图6-16 板块三展示

板块四 了解了生菜会后，幼儿都想设计不同口味的生菜包，这个板块主要呈现幼儿设计生菜包的设计图与制作生菜包的过程，加上幼儿的对话（如图6-17所示）。

图6-17 板块四展示

"好事生财生菜会"环境创设方案见表6-2。

表6-2 "好事生财生菜会"环境创设方案

环创板块		环创内容	所需材料
主题墙	好事生财生菜会	展示好事生财生菜会的主题来源，呈现"生菜"和"广东人的好意头"调查表，并粘贴幼儿以及同伴的对话	浅灰色、绿色和黑色卡纸，牛皮纸
展示墙	制作生菜包	幼儿设计生菜包的做法、制作生菜包的文字和图片	纸杯、KT板、黑色卡纸、牛皮纸
操作墙	胜意饭里有什么	幼儿与同伴谈论胜意饭里面有什么，设计一道意头菜	纸盘、KT板、各种颜色的黏土
家园亲子互动	亲子作品	展示幼儿与父母制作的手工作品	亲子制作手工作品
走廊展示墙	生菜会	展示北村生菜会的来源和兴起，以及其他地方的生菜会	纸杯、牛皮纸、黑色和绿色卡纸、麻绳

[幼儿园实践案例] 班级非遗食育主题环境展示——叹早茶

班级的环境承担着班级形象定位、突显班级文化的重任。班级环境分为室内环境、室外环境等。在环境中色彩的合理运用、科学搭配，能够使其发挥艺术的美育功能，并起到很好的烘托氛围的作用。

本次结合"叹早茶"食育主题活动的开展，在班级环境创设上，结合岭南特色古建筑物，追随幼儿的兴趣点，我们进行了相关主题活动的环境布置。在开展活动过程中，幼儿对茶点感兴趣，做了很多茶点，还创设了茶楼，于是，我们整体打造出中二班"茗乐居"茶楼环境。

班级整体色系： 灰白色调和岭南特色的屋檐烘托茶楼氛围。

主题墙设计： 底色为灰白色和原木色。标题字体为黑色艺术字体。在"叹早茶"主题活动中，我们将主题墙设计为"一盅两件"，呈现幼儿探索痕迹（如图6-18所示）。

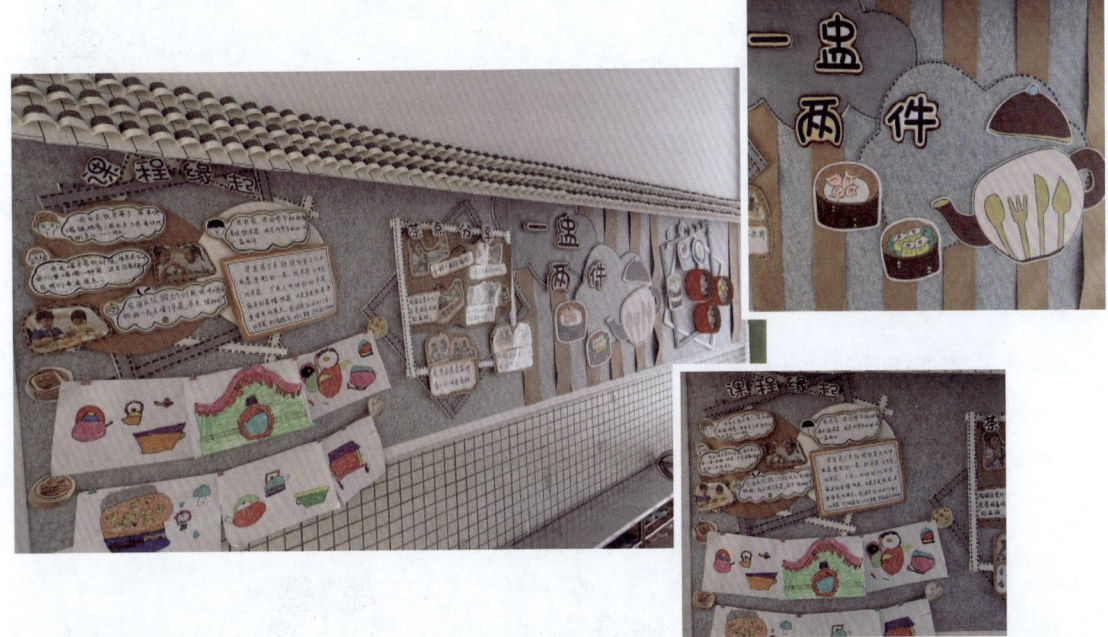

图6-18 主题墙设计

主题墙设计思路： 《幼儿园教育指导纲要（试行）》里明确提出："环境是重要的教育资源，应通过环境的创设和利用，有效促进幼儿的发展。"环境是幼儿园重要的教育资源，随着"环境育人"理念逐渐深入人心，幼儿园的环境不仅仅起到装饰和美化的作用，更重要的是其作为一种鲜活的课程和教育的载体。结合班级大环境的灰色和米黄色色调，班级主色调采用灰色和浅墨色，并用卡色牛皮纸为主要装饰材料。

主要材料： 灰白色、浅灰色不织布，卡纸，小纸杯，砖块墙纸，等等。

主题来源： 第一版块是结合国庆假期，幼儿和家人去喝早茶的所见所闻。这一部分也是作为主题前的亲子实践调查，并且展示孩子和家长共同制作的海报。第二版块"一盅两件"是关于幼儿对早茶文化"一盅两件"的分享和讨论。通过集体活动，让孩子们了解和推广早茶文化。第三板块是关于茶叶的种类。幼儿对茶叶知识进行调查，如我们中国茶叶的种类及名称。幼儿把从家中带回的茶叶展示出来（如图6-19所示）。

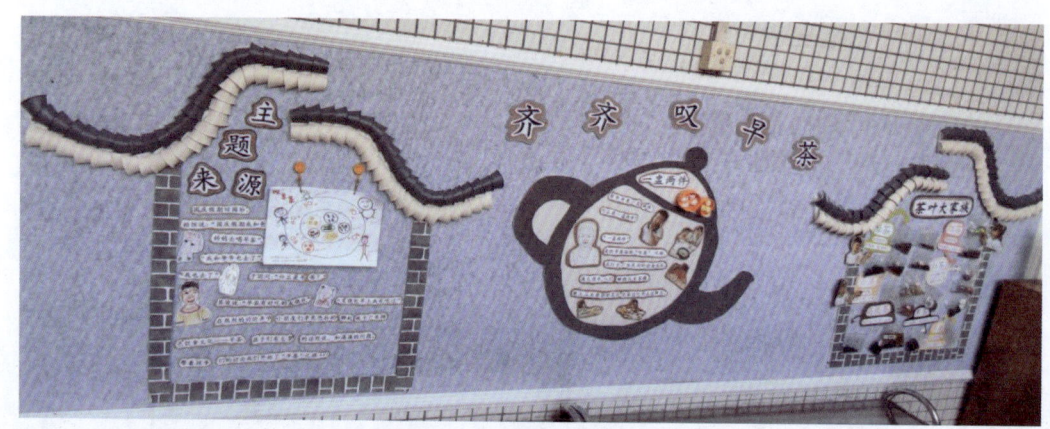

图6-19 主题来源展示墙

家园互动墙： 亲子互动是幼儿园活动顺利开展的重要部分，因此，以幼儿发展为本，创设幼儿发展所需的主题就显得尤为重要。家园互动墙有四大板块，分别为板块一"叹茶缘起"，展示幼儿对茶叶缘起的了解；板块二"叹茶礼仪"，展示幼儿在课堂上学习的喝茶礼仪；板块三"茶叶种类"幼儿用五观感知茶叶，了解茶叶的种类及喝茶的方式，老师记录幼儿的发现，并用图文并茂的方式呈现在主题板块上；板块四"叹早茶啦"，展示幼儿和家长们用轻黏土制作的各种茶点（如图6-20所示）。

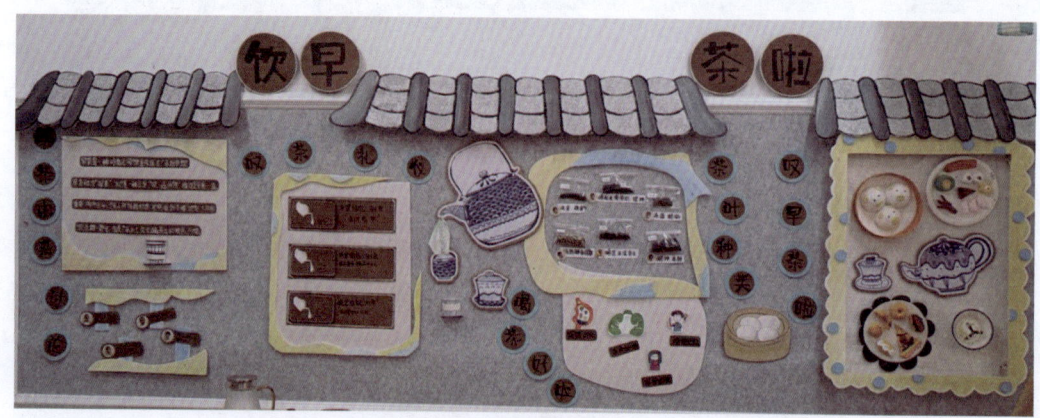

图6-20 家园互动墙

食育展台： 根据主题，摆设茶点、茶叶等（如图6-21所示）。

图6-21 食育展台

课室门环创： 根据茶楼以及班级整体色调，门牌创设为灰色屋檐，创设茗乐居茶楼。两扇门以棕色边框、黑色字体为主。家园联系栏也做了屋檐衬托，以灰色边框为辅（如图6-22所示）。

教室内部整体环创： 课室整体环境打造出茶楼的氛围，因此创设了泡茶区，让幼儿在这里进行泡茶体验。泡茶区以原木色系展架为主，摆设茶叶及茶具（如图6-23所示）。

图6-22 课室门　　　　　　　图6-23 教室内部

区域设置： 分为食育区、美工区及茶艺馆。在食育区，有孩子们参与自制的小树，绘制的班级公约、进区卡，体现了孩子们的参与权和选择权。在区域投放食物游戏、创意茶点（如图6-24所示）。在美工区，背景布置是中国风花纹，桌子上面放展示架，摆放各种各样的美术材料。根据主题"叹早茶"，利用多种材料，如木块、纸碟、纸杯雪糕棒、皱纹纸、轻黏土等材料制作各种立体、半立体的手工"茶点"。墙面上放置一个网格展示架，展示孩子们的作品——各种各样的茶点（如图6-25所示）。在茶艺馆，结合主题，打造班级特色区，并摆放各种茶叶、茶具，以及幼儿制作的茶具六君子等（如图6-26所示）。

图6-24 食育区

图6-25 美工区

图6-26 茶艺馆

（二）融入幼儿园人文环境

环境是重要的教育资源，通过创设适宜的环境，能够有效地促进幼儿的发展。因此，营造浓厚的非遗文化环境，需要将非遗文化融入幼儿园的环境建设中，让幼儿感受自己生活的人文景观，感受家乡文化的丰富和充盈。幼儿园的人文环境创设具体体现在师际关系、师幼关系、同伴关系、班级氛围及家园关系等方面。[①]影响幼儿园良好人文环境创设的因素多种多样，但其中人的因素最关键，因此，构建幼儿园良好的人文环境，关键在于人。参与本项目的幼儿园采取了多种措施构建"童趣非遗"德育课程的人文环境。

走近非遗，对话大师，加强幼儿教师、幼儿与非遗传承人的联系，营造充满非遗文化的人文氛围。非遗传承人走进幼儿园和师幼进行面对面的互动和交流，对于提升幼儿对非遗文化的兴趣以及教师对非遗技艺的专业认识具有重要的作用。幼儿园邀请多位国家级、省级、市级等非遗传承人走进幼儿园，做客指导，在幼儿园为教师和幼儿进行非遗技艺培训和现场表演，积极开展家园合作，将非遗德育课程融入家长多样的职业。（如图6-27所示）。

图6-27　佛山市禅城区学前教育发展共同体"名师伴我行"第2期"陶"活动现场

通过搭建线上、线下的交流研讨平台，开展教研交流、培训学习、幼儿园优秀课例观摩等，幼儿与教师之间形成合作同行、互相学习的常规和氛围。

充分利用家长资源，加强亲子互动，幼儿园会调查家长需求，并将每位幼儿家长的长处和优势记录在册，经常请一些在传统小吃、非遗手工艺品制作方面或者非遗艺术技能方面比较擅长的家长来园，利用课余时间丰富幼儿的学习、生活，让他们多多接触非遗文化。在非遗文化氛围的浸润下，幼儿通过感知材料、对话大师、环境创设、同伴学习等方式了解非遗，关注道德行为，构建自己的道德信念。

[①] 刘晓凤：《构建人文情境的幼儿园环境创设探析》，载《青年文学家》2013年第9期，第104页。

遇彩扎、品禅韵——亲子实践活动倡议书

我们的家乡——佛山,被誉为"中国古代名镇之一",彩扎工艺历史悠久,素负盛名,其佛山彩扎更被列为国家非物质文化遗产,具有浓郁的地方色彩和深刻的文化意义。在幼儿园开展佛山彩扎艺术活动的实践研究,不仅有助于幼儿近距离接触民间手工艺,萌发对佛山民间艺术的审美兴趣,激发对家乡的热爱及民族自豪感,更是对佛山彩扎这项非物质文化遗产进行"长期性"与"可持续性"的保护。

我园2019年度中小学教师教育科研提升能力计划(强师工程)项目"'佛山彩扎'园本课程的开发与实践"已于2019年5月通过立项,为了更好地做好此省级课题研究项目,我们将尝试各种形式的彩扎艺术活动,并探索开发出适合幼儿发展的彩扎活动,形成具有园本特色、本土特色的各年龄段彩扎活动课程。旨在让幼儿通过亲身体验,积累更多的彩扎经验,培养幼儿的审美能力和创造力,继续发掘民间艺术的情感,让佛山彩扎走进幼儿、走进家庭、走向社区、走向世界,让我们的佛山彩扎艺术得到传承和发展。

为了配合课题研究,我们将充分利用国庆节期间佛山举办的各种活动,开展"'遇彩扎、品禅韵'——亲子实践活动",倡议家长们带孩子充分了解和参与佛山举办的和彩扎相关的各类活动,例如,带幼儿到中山公园、文华公园、平洲映月湖公园等城市公园以及佛山各大街景和大型商场中去寻找佛山彩扎作品,并通过表格记录下来。让我们的孩子从现在开始了解佛山彩扎,感受家乡的美,并了解佛山人的聪明才智和巧手工匠,在浓郁的佛山文化中感受传承的自信,激发孩子爱家乡、爱祖国的情感。

三、"童趣非遗"德育课程实施的合作性途径

(一)家园合作

家长的理解与配合是开展非遗德育活动的一个重要条件。个体在发展过程中并非孤立的存在,并不会脱离周围环境和社会整体氛围。在开展非遗文化教育中,幼儿园号召全园"同想、同做、同成长",让园内所有的教职工,包括门卫、厨师、保健医生等都参与到与幼儿的互动中,并充分挖掘和利用家长、社区中蕴含的各种传统文化资源,为幼儿的成长提供养料,实现资源的共享和联动。①

由于师资、场地和课程资源方面的限制,幼儿园非遗德育离不开家庭和社区教育机构的支持,特别是家庭教育在非遗德育活动的开展中扮演着举足轻重的角

---

① 黄爽、王岚、刘璐:《中华优秀传统文化融入幼儿园课程的实践及反思》,载《基础教育课程》2019年第24期,第26—31页。

色。① 从幼儿园开展家园合作的形式上看，包含了家园联系册、家园联系地、宣传栏、班级QQ群、微信群等沟通交往媒介，还有家长会、家长开放日、观摩活动日、家长进课堂、家庭教育知识讲座等合作教育方式。从内容上看，幼儿园首先聘请对"非遗技艺"饱含热情的家长志愿者定期来园，为幼儿讲解非遗故事，引导和帮助幼儿学习非遗技艺。其次，邀请从事非遗项目相关工作的家长参与幼儿"童趣非遗"德育课程共建，与教师一同研发非遗园本课程。家长与教师交流，和幼儿一起完成非遗作品，也有家长将自己珍藏的非遗艺术品带到幼儿园供幼儿欣赏。再次，邀请非遗传承人进园为对非遗项目感兴趣的幼儿家长开展亲职教育，提升家长的非遗技艺和非遗文化素养，提升家长参与课程共建的积极性。最后，家长为幼儿提供相关非遗资源并按照教师的要求通过游览、讲故事、体验民俗等多种方式丰富幼儿的感性经验，帮助幼儿建立对许多事物的基本认知，为幼儿对非遗项目的理解和掌握打下坚实的基础，保持家庭教育和幼儿园教育的一致性和连贯性。②

[幼儿园实践案例]　　探寻"鸿胜馆"

　　在开展关于蔡李佛拳的活动后，孩子们总是不经意地聊起蔡李佛拳的话题。一天午饭后，洋洋与小朋友说星期天爷爷要带他去叶问馆。旁边的小朋友兴趣浓厚地加入这个话题中，好奇地问道："叶问馆是干什么的？那里好玩吗？"洋洋说："叶问馆是一个打武术的馆，叶问会打咏春拳。"曦曦发话了："你们知道蔡李佛拳的武术场馆在哪里吗？"小朋友对这一问题又有了不同的声音。为了满足幼儿对"蔡李佛拳的武术场馆"的好奇，就有了亲子探寻鸿胜馆的活动。

　　活动前与家委会商确相关事宜，要求家长与幼儿共同搜集有关参观方面的知识。幼儿园提前踩点，联系好相关事宜，确定出发路线；向幼儿提出参观要求，让幼儿知道要爱护博物馆的各种展品和设施，不能乱摸乱动；提醒幼儿外出活动要遵守规则，注意安全和环保；带领幼儿进入佛山鸿胜纪念馆内观看蔡李佛拳的由来及发展历程，认真倾听讲解员的讲解，了解相关知识后，组织幼儿以家庭为单位讲述参观的感受。幼儿园将全班幼儿、家长分成四组，分别为红组、黄组、蓝组和绿组。每组由两位义工家长负责组织游戏，每组幼儿身上分别贴上与该组名称相对应颜色的即时贴，活动有"观看表演""探索兵器""学习蔡李佛拳的基本动作""自由参观"，每组活动时间错开，轮换直到把四个活动都完成。

　　《幼儿园教育指导纲要（试行）指南》的社会领域中指出，与幼儿一起外出游玩，和他们一起收集有关家乡、祖国各地的风景名胜、著名建筑，在观看和欣赏的过

---

① 屈晶晶：《幼儿园优秀传统文化教育教学的实践研究》（硕士学位论文），陕西师范大学2016年，第37-39页。
② 廖庭婷：《幼儿园优秀传统文化教育课程的个案研究》（硕士学位论文），福建师范大学2018年，第60-61页。

程中激发幼儿的自豪感和热爱家乡、热爱祖国之情。通过亲子探寻蔡李佛拳武术场馆"鸿胜馆",加深幼儿对本土文化的认识,特别是鸿胜馆内一些英雄人物的故事对孩子们的启发,让他们对佛山功夫文化又加深了了解。对于孩子们表示想学蔡李佛拳的心愿时,我们应该思考如何以专业的知识去推动达成孩子学习蔡李佛拳的心愿,为下一个活动的开展作铺垫。

(二)学前教育发展共同体

在禅城区委区政府的支持指导下,禅城区教育局开启了学前教育发展共同体的探索之路,并以实施学前教育三年行动计划为抓手,采取各种措施实现全区140所幼儿园的共同发展。2013年,随着禅城区(文中简称"我区")办学管理体制改革的全面实施,"一级办学、一级管理"发展格局的推进形成,我区在省内率先、全面组建了学前教育发展共同体。如今,在"名园"带"民园"的辐射效应下,我区学前教育发展共同体捷报频传,实现了管理经验共享、办园行为互促、优秀资源互派、教科研工作互动等,推进了全区幼儿园结对组团、合作共赢、高质发展、整体提升等,使"弱的变好,强的更优"。

学前教育发展共同体的最大特点,就是充分发挥示范性幼儿园的辐射作用,推进区域幼儿园结对组团共同发展,促进区域内学前教育质量的整体提升。其中,共同体的制度设计是首要任务和关键环节。以"共同发展"为目标,以"资源共享、机制共建、优势互补、互惠共赢"为合作方式,优质"名园"通过竞争成为领衔园,每届任期三年,期满后重新评定;区教育局每年对各领衔园带领的共同体上一学年工作、科研情况进行考核,给予考核合格者共同体活动经费补助;区教育局每年还对领衔园工作进行考核,对考核合格者进行奖励。

自项目开展以来,参与该项目的幼儿园数量从最初的六大核心幼儿园到六大实践共同体,幼儿园越来越关注内涵发展,以项目为抓手,探索非遗德育园本课程的建设。幼儿园共同体以领衔园为核心,形成了20个学习发展共同体,园际间经验共享,协同发展。幼儿园共同体领衔园从管理方面、教师队伍建设、课程建设等方面充分发挥示范引领作用,把共同体内各园积极联动起来。共同体内各幼儿园因地制宜利用好本土资源优势,开展基于幼儿的园本课程建设,依托学前教育发展共同体积极联动,共研、共建、共享课程资源,形成学前教育可持续发展生态圈。

(三)家园社区协同共育

社区是对幼儿发展影响最大、最直接的人文环境,蕴藏了大量的非遗教育资源,可以让幼儿了解城市众多的人文景观和丰厚的文化历史渊源。充分利用社区资源,提供幼儿参观体验的机会,是幼儿园开展"童趣非遗"德育课程的重要路径。

文化场馆是记录和展示历史文化的重要载体,也是人们了解和欣赏文化之美的重要窗口。佛山有包括佛山博物馆、南风古灶、祖庙、精武馆、美术馆、印象艺术馆等丰富的文化场馆资源,随着非物质文化遗产保护日益受到重视,非遗进馆的现象越来越多，佛山建立了各类专门的传承体验馆。刺绣、剪纸、陶塑、传统木作……在佛山各类文化场馆里，一场接一场的非物质文化遗产体验活动轮番亮相，为幼儿的文化生活提供了丰富的资源。

第一，佛山场馆的文化资源之于幼儿的教育具有天然的优越性，不论是美术馆、历史博物馆，还是精武馆等，在开放的公共空间中展品本身就具有话语性，既是可以学习的知识，也是促进幼儿参与、交流和对话的载体。佛山文化场馆全方位展示了佛山的风土人情和民俗特产，让幼儿最大限度地了解民间非遗工艺，更形象、更直观、更立体地去迁移幼儿园中的所学所感，加深理解和认识，激发幼儿热爱非遗、热爱家乡的情感。孩子在非遗文化场馆中，对话历史，体验非遗技艺，感受非遗美丽，了解中华民族的优秀传统文化，感受家乡的悠久历史和文化底蕴，进一步加强幼儿对佛山文化的归属感和认同感。

第二，佛山文化场馆与幼儿园、社区越来越紧密地结合，使其能更加契合幼儿对精神文化的多样化诉求。幼儿园围绕非遗主题构建园本课程时，建立了馆园共建课程，与非遗博物馆、文化场馆签订了馆园共建课程协议，采取"请进来、走出去"的办法，活化园本课程，把博物馆资源引进幼儿园、引进班级（举例）。馆园共建课程丰富了非遗主题课程的内涵，使课程的构建在师资队伍、教学空间、教学资源、学习方式等方面产生新的变化。

第三，幼儿园结合佛山非遗项目和佛山文化场馆资源，开设研学课程，采用"课程为主，旅行为辅"的方式，聘请当地非遗传承人、相关研究专家，共同开发研学课程。组织幼儿通过集体旅行、集中食宿的方式走出幼儿园，在实践中拓宽视野、丰富知识，加深与自然和文化的亲近感，增加对集体生活方式和社会公共道德的体验。

佛山各类文化场馆是公共文化服务的重要阵地，是精神文明建设的重要窗口，让佛山群众能不断拥有更加充实、更为丰富、更高质量的精神文化生活。

通过幼儿园的开放日、家长志愿者活动、亲子活动、日常课程配合等进行家长行为的评价。例如，幼儿园开展非遗武术课程，积极开发和利用家庭资源，加强家园合作，为幼儿传承非遗文化提供了更为广阔的学习空间和分享平台。在开展武术课程时，为了能让幼儿亲自去参观"佛山鸿胜纪念馆""精武门""叶问堂"等一些著名的武术场馆，家长们会利用节假日带领孩子去参观，通过这些亲子的社会实践活动，让幼儿真切地感受丰富的非遗武术文化。在亲子手工制作方面，家长也会积极参加。整个课程的开展一直得到家长们的大力支持。

> [文教联动案例报道] 感受非遗独特魅力
> ——334份师幼非遗作品首次在博物馆展出

非遗文化的传承，在这个博物馆来到遇见，与你共赏。近日，2022年禅城区幼儿园非遗作品成果展暨广东省新课程项目"文化润德：基于非物质文化遗产的幼儿园德育课程体系建设"中期报告会在佛山古镇历史风貌展示馆举行，禅城区师幼非遗作品首次在博物馆展览，让孩子在赏析与体验中感受非遗的魅力和传统文化的内涵，"非遗润童心、文化悦传承"受到追捧。本次活动由禅城区教育局主办，禅城区文化广电旅游体育局协办，禅城区博物馆承办，展期一直持续至8月25日。主办方鼓励家长带孩子走进博物馆，形成家庭、社会、幼儿园三位一体共同推进非物质文化遗产的保护与传承的良好氛围。

展非遗之艺，赏童趣之光

据统计，禅城区幼儿园师幼非遗成果作品共334份在展馆中展示，作品主题突出、形式新颖、内容丰富多样、稚趣盎然，包括刺绣、彩灯、陶艺、编织、剪纸等，凝聚着禅城区师幼的智慧和心血（如图6-28所示）。

图6-28　非遗成果作品展之一

本次成果展按照非遗的资源与成果特征分类在三个展馆展出：一号馆主要展出的是传统美术类与表演艺术类的非遗作品，有佛山剪纸、刺绣（广绣）、南海藤编、粤剧等非遗作品；二号馆主要展出的是佛山传统技艺类和佛山民俗类的非遗作品，通过各种材料的制作，呈现了佛山食育类的非遗成果和佛山民俗作品成果，其中，各园区课程故事记录了孩子学习的轨迹和在非遗传承中得到的发展；三号馆展出的成果也非常丰富，有佛山传统体育、游艺与杂技类，民俗类和传统美术类的作品。各馆展出的非遗作品，充满童趣，富有创意和活力，表达了孩子们爱家乡文化的真挚情怀和积极向上的精神风貌（如图6-29所示）。

充满童趣的成果作品来自禅城区20所核心幼儿园，作品以师幼合作、幼幼合作和亲子合作的方式，将各自认识到的、印象中的、看到的、想象到的佛山人文、建筑、风景、饮食等场景或物品，通过剪、卷、编、刻、撕、捏、刻、绣、画、雕、印等技法进行塑造，进而进行综合呈现，充分展现了师幼们的才艺智慧和艺术品格，作品立足"非遗七大群"的资源，以"童趣非遗"为主题，展现了各园所的优秀成果，呈现了孩子们童趣、童真的非遗作品，昔日的"印象"佛山、如今的"至美"佛山（如图6-30所示）。

图6-29 非遗成果作品展之二

图6-30 非遗成果作品展之三

童心绘非遗，文化共传承

孩子们的作品作为文化交流的"艺术品"从在幼儿园、社区展览，到首次在博物馆展览，此次活动得到了省、市领导的肯定，新闻媒体的宣传与社会各界的好评。

佛山市禅城区教育发展中心学前教育教研员、学前教育发展服务室副主任李会燕表示，非遗课程进校园，已经成为禅城区幼儿园的校园名片。作为项目研究中的推进子项目，"非遗作品展"不只是一次单薄的成果，更是一堂生动的德育课。各核心园参与开发不同的活动、课程，让佛山非遗文化走进校园、走进社区、走进大众的生活。用幼儿的方式和语言，用现代化的包装和推广，为文化传承注入新的活力，让非遗文化一点一点"活起来""动起来""潮起来"。

李会燕说，非遗的传承，不仅仅是技艺的传承，更是文化的传承。此次活动不仅丰富了孩子们对传统非遗的体验，使他们欣赏、感受到了非遗文化的独特魅力，领悟"传统之美"；同时，也以"润物细无声"的方式让孩子们在童真、童趣中认识非遗、喜欢非遗、传承"传统文化"。

（以上内容来源《佛山日报》2022年7月24日）

四、"童趣非遗"德育课程的拓展性途径

（一）佛山非遗民俗类活动

将非遗项目还原于生活，将其融入整个文化背景中加以整体的感知与接收，融入具体的仪式中进行体验和理解，帮助幼儿更加生动、完整地理解非遗项目的本原意义。[1]民俗活动是非遗文化的重要组成部分，幼儿园可以抓住契机组织专门的活动，营造浓郁的民俗氛围，给予幼儿充满生活气息的熏陶。

佛山具有诸如行通济、佛山秋色、北帝诞巡游等丰富的非遗民俗类活动。行通济是佛山一年一度盛大的民俗文化活动，从明末清初开始，每逢正月十五、十六，佛山家家户户都会扶老携幼"行通济"。佛山人行通济有三宝，即生菜、风铃、风车。行通济作为中华传统文化历经百年的民俗活动，饱含乐善好施的德育价值和人民群众对美好生活的向往。佛山秋色是佛山闻名全国，乃至全世界的巡游，指秋季农业丰收之时，当地民间举行庆祝丰收游行，俗称"秋色赛会"或"秋色提灯会"，亦统称"出秋色"。秋色活动包括表演艺术和手工艺术两大类，表现形式包含灯色、车色、马色、飘色、地色、水色、景色七色。幼儿在佛山非遗民俗活动中去看、去听、去体验，在热烈的民俗氛围中加深对非遗文化的认知，在实践中感悟非遗文化悠久的文明。

紫南幼儿园"岁岁年年，安康端午"系列活动方案

一、活动背景

"岁岁年年奉欢宴，言言语语端午情。"端午节是中国传统节日，也是中国首个入选世界非物质文化遗产的节日。为挖掘端午节蕴含的文化价值和民族精神，开展端午节主题教育活动，体验传统节日，弘扬传统文化，我园将举行端午节系列活动。

二、活动主题

岁岁年年，安康端午。

三、活动时间

2022年5月1日—6月3日。

四、活动地点

紫南幼儿园。

五、参加人员

全体师生、家长。

---

[1] 谯锡琴、余宁：《融入民俗文化的幼儿园美育课程内容初探》，载《教育导刊（下半月）》2019年第2期，第23—25页。

六、活动准备

① 班本课程研讨会；② 各系列活动的方案；③ 园内、班级打造端午节环境氛围。

七、活动人员安排

总负责人：关丽红；策划：关淑敏；副组长：蒋知玲、梁宝恩、关静桦；组员：各班老师。

八、具体活动内容

系列活动一："我的端午我做主"端午节班本课程

（1）各班开展端午节的班本主题活动。

（2）龙舟创作活动：各班老师与幼儿共同创作大型龙舟，各级设定方案。大班：创意龙舟制作大赛。中班："巧手创意，脑洞大开"龙舟建构活动。小班："我的龙舟，我做主"龙舟制作活动。

系列活动二：祈福声声龙舟说唱比赛

（1）活动时间：5月20日。

（2）参与人员：全园幼儿。

（3）比赛内容：各班全体幼儿参加，形式可以多样化，龙舟说唱内容自定（有创编的加分），服装以民俗服装为主。

（4）评奖：各级按比例评出特等奖、一等奖、二等奖。

系列活动三："玩转端午"民俗节暨六一节活动

（1）活动时间：2022年6月1日。

（2）活动地点：紫南幼儿园户外操场。

（3）参加人员：全园师生及10位男家长（在"好爸爸"评选中选出）、领导、家委会代表、龙舟说唱非遗传承人梁成坡老师、共同体园长、骨干教师等。

（4）活动准备：①幼儿园方面：安排好"龙舟饭"的食谱、位置。②班级方面：各班与幼儿一起制作"五人龙舟"（创作大赛的龙舟可以用来参加巡游）；参加比赛的幼儿全部穿纯白色上衣（无图案）。

（5）活动内容：①进场仪式：开场舞《龙舟娃》；主持人开场；按小班—中班—大班顺序进场。进场需要一位幼儿手举班牌，后面紧跟龙舟巡游队伍，接着是班级幼儿。走到场地中间后，喊口号、列队形（时间控制在30秒内），退场。②"起龙仪式"：园长致辞；领导为"龙舟"洒香茅、为龙舟点睛；节目表演：《龙舟说唱》；由男家长与男幼儿一起把龙舟抬入水池；"起龙仪式"结束。③龙舟比赛：大班进行水上龙舟拔河比赛（提前抽签进行对抗赛）。比赛规则：每班4位幼儿参加，分为3个组（由于5个班级，另外一组再定），按赢的时间为标准，评出第一名、第二名、第三名，其余班级获"最佳组织奖"。小班进行溜溜布龙舟比赛。比赛规则：比赛分为两轮进行（提前抽签，第一组4个班，第二组3个班）。初赛：每班10人为一组，分为两组比赛。听到鼓声后，比赛开始，最后一位在终点举起旗子为赢（要安排老师负责在前后按着溜溜布）。决赛：用时最短的4组进行决赛，最后赛出第一名、第二名、第三名，其余班级获得最佳组织奖。中班进行"五人龙舟赛"。比赛规则：比赛分为两轮进行（提前抽签，第一组4个班，第二组3个班）。初赛：分为两组进行，鼓声响起，比赛开始，通过障碍物，最快回到起点为赢。用时最短的4个组进入决赛。决赛：用时最短的4组进行决赛，最后赛出第一名、第二名、第三名，其余班级获得最佳组织奖。④颁奖仪式：各级一、二、三名各1位，其余获得"最佳组织奖"。

九、活动小结

南庄镇优质悠久的地域民俗文化——"扒龙舟"为课程开发注入源头活水，为开发好龙舟文化传承课程，我们挖掘"藏"在龙舟里的文化"种子"，同时将幼儿所见、所闻、所感的生活经验融入课程开发实施中。综合实践活动给幼儿留下了难忘的文化记忆，让幼儿在学习中记住乡音、乡土、乡愁，也从中培养了幼儿的综合素质。在一系列活动的设计与实施中，体现"三个支持"。

（一）支持幼儿主动参与传统文化活动

活动只有符合幼儿的年龄特点、满足幼儿不同阶段的学习与发展需求，才能让不同年龄阶段的幼儿积极主动参与。为了让孩子们了解端午节，感受端午节独特的文化内涵，在端午节来临之际，紫南幼儿园开展了"岁岁年年，安康端午"系列活动。在实践中，我们注意避免出现幼儿单向接受、教师教授传统知识为主，课程脱离幼儿生活和经验，无法支持幼儿自主学习与发展等问题，注重从儿童视角规划龙舟文化课程。

活动以家、园、社三位一体共融共育体系为支撑，引导孩子们更好地学习和传承中华优秀传统文化。各班级通过开展班本主题活动，在丰富的感性经验基础上，通过出示图片、实物和讨论等活动，帮助幼儿了解、强化对端午节的认识，也了解我国传统文化的风俗及习惯。"我的龙舟我做主"制作大赛加深了孩子们对龙舟的认识，发展了他们的动手操作能力、创意能力，同时加强了孩子们与同伴之间的合作。

（二）支持幼儿深入理解传统文化内涵

只有基于儿童视角帮助幼儿理解传统文化内涵，才能真正实现传统文化教育的目的。我们深入探索课程实施，试图找到儿童视角与传统文化教育结合的路径。在实施过程中，我们着重引导幼儿真正感受传统文化的魅力与价值，从而让民族自豪感扎根于心，自发地融入、内化、传承优秀传统文化，并能够在主题游戏中焕发出中华儿童的成长力量。

为此，我们开展龙舟说唱比赛，传承龙舟非遗文化。"祈福声声·龙舟说唱"比赛让幼儿充分在民间艺术的海洋中遨游，把非遗文化的种子从小播进幼儿心中，培养了幼儿勇敢拼搏的"龙舟"精神。让幼儿了解龙舟说唱的文化魅力，传承"龙舟"非遗文化，根植爱国情怀。激发幼儿传承文化的决心，帮助幼儿从小厚植爱家乡、爱祖国的家国情怀。

实践让我们感悟到，孩子其实是在参与中怀恋温馨与欢乐，在期待与回忆中品味传统节的记忆。

（三）支持幼儿主动拓展传统文化探究

为拓展龙舟文化传承，我们的"重头戏"是举办龙舟文化节，让幼儿"玩转"端午。

在龙舟文化节中，紫南幼儿园的龙娃们"划"着"龙舟"，喊着口号，一个个富有创意、有气势的出场仪式，拉开了一年一度的龙舟文化节的序幕。每个班级的"龙舟"，都是老师和孩子开展龙舟课程的作品，每条"龙舟"都各具特色。接着，一群可爱的龙娃们，打着鼓、举着船桨、载歌载舞，为我们的龙舟文化节致庆！

"起龙啰！"一声令下，九位"好爸爸"代表从"乐善池"把"沉睡"的两艘"龙舟"分别请出水。接着，由梁成坡老师、关丽红园长、蒋知玲园长、家长代表罗健斌先生为两艘"龙舟"作点睛等仪式，寓意平平安安、顺风顺水。"龙舟"苏醒了，马上来一场"竞渡龙舟"。鼓声响起，两艘"龙舟"快速划起。孩子们喊着"一二一二"，爸爸们激动地为他们呐喊助威！

起龙仪式结束后，今天的"重头戏"——龙舟比赛正式开始。根据年龄段特点，小班进行溜溜布龙舟赛，中班进行五人龙舟赛，大班进行水上龙舟拔河比赛。

最后，当然是我们最期待的龙舟饭啦。俗话说"吃过龙舟饭，饮了龙舟酒，全年身体健康无忧愁"。吃龙舟饭，寄寓了劳动人民的美好愿望和祈盼，该习俗还有凝聚民心、维系团结的作用。

龙舟课程采取项目化学习方式，在传统文化中融入儿童思维进行再创造，让龙舟文化这份渊源和情愫永远延续，突破了乡土文化课程实施的现实困境。幼儿在实践过程中充分体验到设计落地的快乐，课程的最终目的是让学生秉承"龙舟精神"，让家国情怀在孩子们心中生根发芽，培育文化自信，增强做中国人的志气、骨气、底气。为了让中华优秀传统文化"活"起来、"传"下去，我们将继续知行合一、躬身实践，以儿童视角传承文化、建构课程，真正支持每一个儿童的健康成长。

（二）佛山非遗手工体验类活动

梳理佛山非遗项目可将其划分为六大类。手工技艺类课程资源是佛山非遗项目中重要组成部分，幼儿在接受手工技艺类非物质文化遗产的熏陶中，能充分调动手脑的积极性，产生丰富的审美联想，激发审美创造力。各幼儿园充分利用非遗手工技艺资源，为幼儿和教师开展非遗手工体验类活动，拓展幼儿园非遗德育活动的范围。第一，走进非遗技艺大师工作室参观体验，通过教师研修活动、亲子研学活动、幼儿亲身体验深入了解非遗技艺。例如，幼儿教师们走进佛山市民间艺术大师黄宏宇的工作室参观和学习彩扎工艺。园长、骨干教师、亲子代表走进佛山市南海区藤编制作技艺里水传习所，开展藤编研学活动，近距离了解藤编历史文化和传统技艺。第二，组织幼儿和教师参观地方非遗文化场馆，让幼儿在广泛关注、深入观察、静心欣赏和积极探究中感受非遗技艺的魅力。第三，在幼儿园建设非遗技艺工作坊，让幼儿园各班根据自身需要开展非遗手工体验活动。

"遇见非遗，零距离体验嫁女饼"亲子活动方案

一、活动背景

佛山作为国家历史文化名城、岭南文化的发源地，其饮食文化底蕴深厚，蕴含丰富的教育资源，许多有关饮食的制作技艺已经被列为佛山非物质文化遗产。随着中班组主题活动的开展，我们追随孩子的兴趣开展"寻味嫁女饼"的食育特色活动。佛山科学技术学院附属幼儿园中班幼儿及家长走进顺德区逢简村喜万年年嫁女饼非遗馆开展研学实践活动，感知家乡的传统制饼工艺和工匠精神。

二、活动主题

"遇见非遗，零距离体验嫁女饼"——社会实践亲子活动。

三、活动目的

（1）让幼儿了解嫁女饼的传统文化，增长对非物质文化遗产的见识，丰富社会阅历。

（2）让幼儿在学习佛山的非遗文化的同时，建立文化自信，培养爱国主义情怀。

四、活动对象

幼儿园中班幼儿、家长和班级老师。

五、活动地点

佛山市顺德逢简水乡喜万年年非遗馆。

六、活动过程

孩子们跟随老师、家长参观喜万年年嫁女饼非遗馆。在参观嫁女饼非遗馆后，嫁女饼非遗传承人给孩子们讲解关于嫁女饼的由来、发展以及嫁女饼的制作流程。孩子们认识了嫁女饼的制作过程后，都表示想体验制作嫁女饼，接下来，孩子们准备大显身手啦。嫁女饼的制作过程及方法见表6-3。

表6-3 嫁女饼的制作过程及方法

过程	方法
选料	在孩子们的讨论下，决定做莲蓉蛋黄嫁女饼，于是，孩子们挑选了莲蓉和咸蛋黄。他们先把咸蛋黄藏在莲蓉中间戳成圆圆的形状，像一个弹弹球
开皮	将水油皮、油酥按上述方法搓制成面团
开酥	嫁女饼的开酥方式与蛋挞相近却不相同。小面团揉成圆球状后，需擀成长条状，由下往上卷起来，为一次开酥；之后重复上述步骤，完成两次开酥即可
包馅	在"入馅"的过程中，还需要做到面皮完全包裹馅料，每一个嫁女饼都要"底薄头厚"，这样的面皮烧出来的嫁女饼口感好，而且有层次感。他们家独有的"何氏螺旋手"，用十指捧起面皮，包住馅料，紧接着十个手指呈顺时针方向规律旋转，不到3秒钟，一个"底薄头厚"的嫁女饼就做好了，面皮完美、均匀地裹住馅料

（续上表）

过程	方法
烘焙	嫁女饼做好后，刷油送进烤箱。孩子们做的嫁女饼新鲜出炉，他们互相分享，细细品尝别有一番滋味的嫁女饼

七、活动延伸

（1）晨谈活动的延伸：参与社会实践的孩子可以分享自己的所见所闻，利用照片讲解嫁女饼的制作过程。

（2）区域活动的延伸：食育区开展制作嫁女饼活动，孩子尝试制作各种形状的嫁女饼。

八、活动反思

嫁女饼非遗研学活动让孩子们近距离感受嫁女饼的文化魅力，不仅让幼儿了解嫁女饼的传统文化，增长对非物质文化遗产的见识，丰富社会阅历，同时也为教师进一步创新教育教学手段、提升育人水平提供了样本和素材。我们要给孩子们实践的机会，体验非遗的精彩，弘扬和传承中华民族传统文化，让孩子们在学习佛山非遗文化的同时，建立文化自信，培养爱国主义情怀。

（三）民间文学讲故事活动

民间文学故事反映了人们对正义和美好生活的向往，倡导是非分明的善恶观，褒扬真善美，充分体现了中国传统文化的深厚底蕴。民间故事也是教师和幼儿喜闻乐见的艺术载体，许多经典的民间故事深入人心，这些故事蕴含了人们共同的记忆。民间文学故事是人们口耳相传的经典、老百姓智慧的结晶。民间文学用既有童趣又严谨的态度，使其焕发出新的生命，陪伴着幼儿的童年和成长，并以故事的形式传递下去。佛山民间文学故事涵盖了传统节日、非遗故事、神话传说、历史人物、地方风物、智慧故事、寓言故事等主题，蕴含了佛山祖辈代代流传下来的文化和智慧，赋予幼儿无法替代的精神财富。每一处非遗古迹都承载着悠久的历史和迷人的传说故事，幼儿园开设讲述民间故事、传承非遗文化的民间故事会活动，有利于幼儿园营造书香氛围，为教师和幼儿创设表达自我和展示自我的舞台。民间文学讲故事活动在幼儿园的开展目前包括两种形式，一种是以幼儿园为单位一年开展一次大型讲故事比赛，幼儿和教师都可以参与其中；另一种是以班级为单位，幼儿在家长的帮助下，每天午饭前开展"故事大王"活动。在深厚的非遗氛围下，形成幼儿园人人知故事、人人讲故事的非遗文化。通过举行民间文学讲故事比赛活动，幼儿及教师讲述民间故事，寻找佛山记忆，传承文化根脉，知晓传统习俗。

[园长妈妈讲故事] 得心斋的酝扎猪蹄

清朝的时候,佛山正埠(现永安路尾、南堤市场附近)有个接官亭,是官员们过海必经之地,汾水衙门、都司衙门的官员每次都会在这里作短暂的逗留,除了谈谈心外,还可在附近的"德记猪肉店"里买上一些人人称赞的卤猪手、猪脚。

这个"德记猪肉店"的店主,可也真有一手,为了不浪费,总把每天卖剩的猪手、猪脚用盐水、豉油、糖等卤熟,留待第二天卖给顾客。因为他的手艺好,吃过的人无不称赞。

一天,官员们又相会在这里,当他们买完卤猪手后,对着店主哈哈大笑说:"德记,人们总是希望事事顺风顺水,得心应手,你这店设在河边,而我们又经常路过这里,不如把这店改名为'得心斋'吧,好让大家都有个好意头。"店主得到官员们的赏识,心中大快。第二天就把招牌换了,改名为"得心斋"。

自此之后,店主对猪手、猪脚更为精心制作,将猪手制成酝猪蹄、猪脚制成扎蹄。这些产品,皮爽肉脆,美味色鲜,甘香可口。买回家后不须煮炒即可食用,购买的人越来越多,"得心斋"的名气从此大振。

[园长妈妈讲故事] 南风古灶

南风古灶,建于明朝正德年,是石湾现存最古老的龙窑,现被列为国家重点保护文物。它曾经有过这样一个动人的传说故事……

很久很久以前,天上的火龙和水龙飞落凡间,嬉戏胡闹,搅得天昏地暗、日月无光。嬉闹间,火龙喷出熊熊的烈火,烧毁了无数的村庄和森林,把大地烧成一片通红的火海。水龙也不甘示弱,喷出长长的水柱,淹没了大片的土地和庄稼,溺死了无数的黎民百姓,使五谷丰登的升平世界变成浊浪翻滚的汪洋大海。霎时间,百姓悲天恸地的嚎哭声直冲云霄,惨不忍睹。

玉皇大帝见水、火二龙胡闹,残害生灵,十分恼火,下令把水龙绑在斩龙柱上处以极刑,把火龙砍掉尾巴贬落凡间,锁在石湾镇岗下。

又过了许多年,火龙经过长期的囚禁,终于认识到自己的胡闹给人类带来严重的灾难,它悔恨当初不该贪玩而祸害人间。为了弥补自己的罪过,将功赎罪,它便从地下发出忏悔的哀号:"我知错了,在我身上筑条窑吧……"

后来,人们在它的身上筑起一条龙窑来煅烧陶器。这时候奇迹出现了,龙窑不但烧出质地优良的陶器,而且还经常烧出宝贝,不是宝珠、宝缸,便是宝鸭和宝灯……

自此之后,火龙遂把精力放在为人类造福中去,它用忏悔的眼泪,烧出一件件晶莹夺目的稀世珍陶,用心血化成一件件彤光四射的石榴红陶器。它仰卧在石湾的镇岗下,日日月月地勤奋操劳,祈望能尽快赎回昔日铸成的大错。

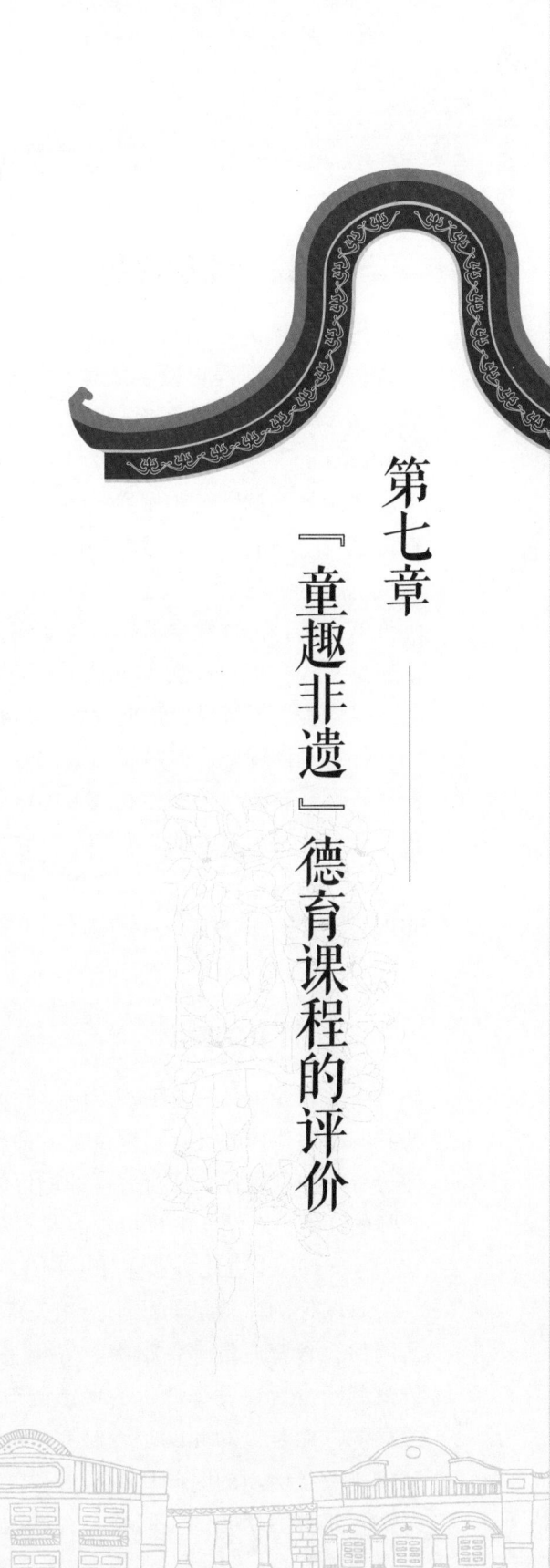

第七章　"童趣非遗"德育课程的评价

第一节 课程评价

一、关于课程评价

提到"评价",人们大都把它与"判断""价值"等概念联系在一起。一般来说,所谓"课程与教学的评价"就是以一定的方法对课程或教学的计划、活动以及结果等有关问题作出价值判断的过程,评价领域经常用的三个英语词汇是:"evaluation""assessment""measurement",这三者在很多评价人员的观念中是可以通用的。20世纪60年代,随着社会批判思潮的兴起,人们开始把评价的重点放在价值观问题上,开始考虑评价课程或教学计划代表着什么样的价值观(如是社会适应论还是超越论)、这种价值观为谁所拥有(如是政府还是某一社会阶层)、这种价值观是否符合学生需要、应如何看待评价中的价值观问题等。课程评价无论理论还是实践,都有着众多功能,如了解社会和学生的需要、诊断与修订课程、比较与选择课程、了解目标达成程度、判断成效等。

评价是课程开展的重要组成部分,是对课程价值做出判断的过程,是了解教育的适宜性、有效性,调整和改进工作必不可少的环节。幼儿园课程评价是幼儿园课程设计、开发和实施的重要环节,它贯穿于课程发展的全过程。幼儿园课程评价的过程是对课程建设进行正确导向、促进幼儿园课程园本化的过程,是教师运用专业知识对教育实施分析、调整的过程,也是促进幼儿富有个性发展的过程。

二、评价对象

受"多元主义"价值观影响,我们认为评价是评价者和被评价者"协商"进行的共同心理建构的过程;评价是一种民主协商、主体参与的过程,而非评价者对被评价者的控制过程。评价客体即评价的对象,包括三方面内容:对课程的评价、对教师的评价、对幼儿的评价。因此,对幼儿园课程的评价可以从这三个维度入手。

(一)对幼儿园课程的评价

对课程的评价是幼儿园及相关部门根据《3~6岁儿童学习与发展指南》《幼儿园保育教育质量评估指南》等相关文件精神,对幼儿园开发与实施的课程进行价值判断,旨在发挥评价的反馈调节功能,不断提升课程的质量。课程评价重点考察的方面是:幼儿园是否有完整的课程方案,其方向性和可行性如何;一日活动安排及各活动的时间比例是否科学合理,是否顾及了幼儿参与各种活动的需要以及各年龄段幼儿的不同特点;课程内容是否体现启蒙性、平衡性或具有地域性特点;等等。

1. 课程方案的评价

课程方案的评价是课程实施的开端，主要是为了考察和评定幼儿园课程所持有的基本理念以及所强调的主要价值取向是否与幼儿园所在的社会文化背景相契合，是否与幼儿园教育实际状况相契合；考察和评定幼儿园课程的目标、内容、方法和评价等课程的各种成分是否在课程理念的统合之下形成一个协调的整体，并发挥其总体功能。

2. 课程实施过程的评价

课程实施过程的评价主要是为了考察和评定课程实施过程中的诸多动态因素，如师生互动的质量、幼儿和教师在课程运行过程中的态度和行为、幼儿园环境的创设和利用，以及动态变化中的各种因素之间的关系等。

3. 课程效果的评价

课程效果的评价是课程评价的一个重要功用。课程效果，有的是显性的，有的是隐性的；有的是长效的，有的是短效的；有的是预期的，有的是非预期的。对课程效果的考察和评定，涉及会出现什么效果以及如何去衡量效果的问题。

（二）对教师的评价

教师不仅是课程实施的组织者，也是课程的开发者和研究者。教师的教育行为，将直接影响着课程的实施效益和幼儿的发展。对教师教育行为进行评价有助于及时调整教师的教学行为和策略，促进教师专业化成长。因此，应重视对幼儿教师教育行为的评价。幼儿教师的教育行为主要包括教育环境、设计组织教育教学活动以及在活动中与幼儿互动三方面；同时，也强调教师通过撰写非遗课程故事对自己的教育思想、教育态度和教育教学行为及效果进行分析和反思。

（三）对幼儿的评价

对幼儿发展的评价不仅是将幼儿已经学到的或表现出来的行为与课程目标相对照，更应该注重评价幼儿的兴趣、态度、情感、交往、学习特点等。评价既要关注幼儿的自理能力、适应集体、自我认识、遵守规则、交往合作、探索欲望与操作能力等，也要关注幼儿在活动中的投入程度。重视过程评价，要将评价活动与日常的各类活动相结合。既要了解幼儿现有的发展水平，更要看他们的成长过程，关注幼儿某一方面的突出表现。要承认并尊重每个幼儿在经验、兴趣、认知特点等方面的差异，以发展的眼光看待幼儿。

三、评价主体

专家、幼儿园管理人员、教师、家长是课程评价工作的参与者。专家应及时对课程的顶层设计、理念引领等方面发挥作用。管理层要组织相关人员定期对幼儿园施行的课程进行分析评估，针对问题寻找改进对策。要鼓励教师、教研组在日常反思的基础上，诊断、发现幼儿园课程设置与实施中的不足，及时反馈并调整。同时，也要注重收集来自家长的信息，区域还通过网络平台，邀请家长进行评价；通过"推广活动"，邀请幼教界同行、家长、社区人员进行评价，使幼儿园课程日臻完善，形成课程不断革新的机制。充分发挥评价的反馈调节作用，使外部质量监控和幼儿园内部不断追求课程质量的完善相结合，促进课程建设与有效实施。

第二节 "童趣非遗"德育课程的评价

一、幼儿园课程方案的评价方法

制定"幼儿园非遗德育课程方案评价表"和对区内幼儿园的园本课程方案进行深入细致的指导，聘请幼教专家、区幼教核心教研组成员和区内优质幼儿园园长担任课程指导专家，依据《幼儿园课程方案评价标准》和《文化润德幼儿园德育课程方案》完善课程方案，提升课程质量。

二、幼儿园非遗德育活动评价方法

采用定量评价的方法，制定"幼儿园非遗德育课程活动评价表"，由区域课程组和幼儿园教学组进行评价。

三、幼儿发展评价方法

（一）学习故事

学习故事是新西兰早期教育领域中评价儿童学习与发展的一种动态的评价模式，它是在日常环境中对儿童学习行为的一种结构性叙述观察，通过连续记录儿童在真实活动或情景中的行为来展示儿童的学习，包括儿童所在环境的背景信息、儿童不断累积的照片或者图片，并对儿童的学习进行评价，以呈现儿童学习的完整画面。评价内容包括儿童的学习倾向（有准备、有愿意、有能力）和五个领域（兴趣、参与、坚持、交流、责任）。在评价方法上，学习故事采用质的和解释性方法评价儿童的学习，其具体过程为描述、记录、讨论和决定。

创意"戏服"大制作
儿童姓名： 梓妍
观察时间： 2022年1月12日
观察者： 赖昭莹

一、活动背景

我园是广东省学期教育"新课程"科学保教示范项目"文化润德：基于非物质文化遗产的幼儿园德育课程体系建设"核心园，我们班级以"粤剧咚咚锵"为主题。

孩子们通过欣赏认识粤剧，感受粤剧独特的魅力，并自编自导《杨门女将：宋皇探访天波府》。他们很期待有一天能够穿上亲手制作的戏服在舞台上进行表演，但是，粤剧戏服的"腰封"和帽子怎么做呢？通过前期的选择与分工，孩子们都十分期待戏服的制作，纷纷表示想用剪贴的方式剪出传统的纹饰图案，有的想用布制作，有的想用纸制作。各小组开始行动，梓妍选择了红布，可是用布怎么制作呢？梓妍的举动引起了我的注意，让我们一起去看看梓妍和小伙伴之间发生了什么故事吧！

二、发生了什么

小组活动开始动工了，梓妍对小组的成员说，她想用红布制作，因为红色的布料特别好看，只见梓妍和小组成员讨论了起来。设计什么样的"腰封"呢？小组成员没有想法。梓妍看到没有小伙伴回答，于是拿起美工桌的白纸，说道："那我先开始设计吧！"

只见梓妍在白纸上画出了一条长方形的"腰封"，她对着自己设计的"腰封"笑了起来，并在小模特梓熠的身上比试着。这个时候，小组的成员峥齐说道："我觉得有点不合适，好像太大了。"听了他的意见后，梓妍说道："那怎么办？"于是，峥齐把设计好的"腰封"剪了下来，梓妍拿着剪好的样板说："那我把这个长的地方再折一折。"接着再一次放到梓熠的身上比试。这一次组员们表示赞同。他们都问梓妍需要做些什么。于是，在梓妍的安排下，组员们开始有序的分工制作。

三、学习了什么

1. 适当放手，促进儿童学习品质的发展

梓妍，在这个过程中让我有所触动。她喜欢钻研，喜欢思考。在这个过程中，当大家都没有想法的时候，梓妍通过自己对粤剧服饰的了解，能够快速地设计"腰封"给小组的成员进行示范；当遇到小伙伴表示样板太长了的时候，能够听取他人的意见并独立思考想出用折的方法将"腰封"缩短。

在这个过程中，梓妍的社会交往能力也在逐步发展，能够与小组成员合作交流，在出现问题的时候，能够询问他人意见并接纳他人的建议，还能结合自己的想法进行考量。

2. 儿童是有能力的主动学习者

梓妍能带动组员进行"腰封"的设计与制作，并出色地制作出作品，我真为他们感到自豪！

四、未来的机会和可能性

在这一次活动中，我们发现梓妍能够自己独立思考与解决问题，同时也具备一

定的领导能力。从独立设计"腰封"的样板到思考组员给予的建议，再到领导小组成员共同完成任务，我看到了梓妍的成长。

1. 锻炼孩子的领导能力

鉴于发现了梓妍有着一定的领导能力，在接下来的班级主题活动中，我将会尝试让梓妍担任"小组长""小班长"等工作。

2. 深入探索戏服的创作以及开展更多非遗活动

今后，我会继续支持"腰封"组的制作，为他们提供更多布料以及相关的配饰，同时鼓励梓妍带动小组成员制作更多的服饰道具。

3. 家园共育

我会建议家长让孩子参与到家庭活动中，做一名小小策划者和参与者。在平常的活动中，鼓励孩子到舞台上去展示自己。为了能够让孩子富有同理心，可以通过讲故事的形式以及在分析某件事情时鼓励他们多为别人考虑，做一个善良的人。

（二）马赛克方法

马赛克方法又被译为镶嵌法，它不是一种单一的方法，而是多种方法的混合，将传统研究方法（如观察、访谈等）和以"参与式工具"（如让幼童拍照、旅行、绘图、角色扮演等）使用的方法组合起来的新方法。之所以称其为马赛克方法，是因为每一种工具获取的信息都形成一片"马赛克"，将它们放在一起，就构成了有关儿童观点与经验的完整图画（见表7-1）。

表7-1 马赛克方法

工具	介绍
观察	围绕两个问题进行观察，一个是"置身此地是怎样的"，另一个是"你在听我说吗"。一种叙事形式的观察，以对马赛克方法中的其他工具进行补充
儿童访谈	与儿童对话是马赛克方法的重要组成部分。儿童访谈为我们提供了一个正式的结构，让我们可以和幼儿谈论他们所接受的早期教育服务。有一种形式的儿童访谈，即"儿童会议"，已经在儿童中心作为一种把儿童观点纳入中心内部评估过程的工具得到应用
儿童拍照	把儿童摄影纳入马赛克方法，这为幼儿提供了另外一种交流模式，使他们可以表达自己对幼儿园生活的深入看法，让儿童自己拍摄的照片成为马赛克的一部分
图书制作	这一图书制作活动和儿童制作的图书，又成为我们与儿童进行进一步反思的平台。在这个阶段，我们会和儿童进行长时间的讨论，让他们说明他们试图通过照片表达什么，以及他们对拍照结果的感受

（续上表）

工具	介绍
幼儿园之旅	幼儿园之旅是对我们工作及幼儿摄影的一种拓展，其背后的理念仍是使用参与式技术来扩展成人倾听幼儿的方式。游览或步行是在儿童主导下的对早期教育机构的探索。儿童不仅掌控游览的进行，而且掌控着对游览活动的记录。这是一种由儿童主导的谈话方式，它比传统访谈要生动得多。这种技术使儿童能够通过身体移动展现他们认为的优先事项是什么，它向我们展现了一种让儿童成为变革主体的方式
地图制作	地图制作是一种把儿童在幼儿园之旅中提供的材料记录下来的方式。对一个地方进行二维表征，对幼儿来讲是一项困难的、抽象的任务。这个活动的目的，是运用儿童自己拍摄的照片，把儿童对他们所处环境的具体经验与地图制作联系起来
角色扮演	在马赛克方法中，还可以使用角色游戏这一工具。儿童的"声音"在这里意味着儿童的众多语言或表达方式中的一种
成人访谈	对实践者和家长做的非正式访谈。马赛克方法的第一阶段既搜集儿童的观点，也搜集成人的看法。这样做的目的不是要用成人的看法代替或贬低儿童的看法，而是要把儿童的观点和成人的看法都作为有关儿童生活之对话的组成部分

马赛克方法主要由三个环节构成（见表7-2）。第一个环节的主要任务是搜集幼儿和成人的看法，也就是尽量利用各种马赛克方法来搜集信息，从而获得某一幼儿在某一方面的感受、想法、意见、经验、兴趣等。"搜集看法"的具体方法包括：观察、儿童访谈、儿童拍照及图书制作、幼儿园之旅及地图制作、角色扮演、家长访谈、教师访谈等。这些渠道中有些信息属于传统搜集信息的方法，比如观察、儿童访谈、家长和教师访谈；而幼儿的有些看法则需要幼儿通过参与式研究方法即"参与一定的活动"才能生成，以此为基础才能完成"信息采集"。第二个环节的任务是对所得到的各种信息进行汇总、整合与意义建构。由于第一阶段中信息来源的多样性，所得到的信息形式也各不相同，如观察所得的是"行为信息"、访谈所得的是"言语信息"、儿童制作的书册和地图等所提供的是"作品性信息"、重要他人所提供的是"间接信息"等。要对这些形式多样的信息进行整合其实并非易事。把幼儿的表述、照片等单个的碎片信息组合起来，能帮助我们更好地理解幼儿优先考虑的事物是什么。例如，一个儿童在访谈期间可能说了幼儿园里他认为很重要的一处地方，而他所拍的照片进一步证明了他的表述。与家长及实践者进行讨论，有可能增进我们对幼儿的了解或帮助我们澄清对幼儿的误解。第三个环节是从所得出的研究结论出发，对实践予以反思和整改。最后一个环节聚焦于如何根据儿童的观点来形成新的行动基点，不管这是作为对已有区域的积极性保留，还是对其予以改变或改造。

表 7-2 马赛克方法资料记录

时间：　　　　　　幼儿园：　　　　　　研究主题：

环节	具体方法	收集的关键性主题
搜集幼儿和成人的看法	观察法	
	访谈法	
	拍照法	可以用附件的方式展示代表性的作品
	儿童之旅	
	作品分析	
把碎片化信息拼在一起，以进行对话、反思和解释		
结论反思及实践改造		

备注：马赛克方法不限于图表列明的几种，幼儿园可根据自己的传统和习惯，选择适合的几种方法，但是需要使用传统和儿童参与式的方法。

（三）观察记录法

观察记录法是指研究者有目的、有计划地借助自己的感觉器官或者其他辅助工具系统而连续地观察、记录和思考处于自然环境下的教育现象或行为，以此获取事实材料的一种研究方法。根据观察方法特点的不同，可分为叙述性描述法、时间抽样观察记录法、事件抽样观察记录法。2022年2月，教育部印发《幼儿园保育教育质量评估指南》（以下简称《评估指南》），以促进幼儿身心健康发展为导向，聚焦幼儿园保育教育过程质量。《评估指南》要求教师"认真观察幼儿在各类活动中的行为表现并做必要记录，根据一段时间的持续观察，对幼儿的发展情况和需要做出客观全面的分析，并且提供有针对性的支持，不急于介入或干扰幼儿的活动"，这就需要教师对幼儿的身心发展水平有全面了解，清楚幼儿每个发展阶段的表现，以便针对幼儿的行为做出更加客观的判定，从而给予幼儿更准确地指导。

"童趣非遗"德育课程注重教师对幼儿良好行为品质、情感的关注，鼓励教师能及时、客观、翔实地记录下一日生活的各个场景实际发生的情况。这种事后的梳理和反思，可以让教师事后意识到自己当时在紧急情况下未曾注意的细节，或者自己在某个领域上背景知识的欠缺让自己没有厘清思路去串联眼前杂乱的信息。"童趣非遗"德育课程从幼儿德育内容出发，分为指向自我与个性部分、指向他人关系部分、指向社会关系部分（见表7-3），关注的是幼儿的个人品德、家庭美德、社会公德。其中，个人品德包括对自己情绪的合理控制与表达，以及对他人情绪的感知，提高其共情能力；还有社会主义核心价值观所指向个人的"敬业"品德，"敬业"对于幼儿而言，实际上主要指的是学习品质。

表7-3 "童趣非遗"德育课程教师观察维度说明

一级维度	二级指标	三级幼儿行为表现
指向自我与个性部分	情绪愉悦	喜欢欣赏非遗作品，愿意收藏自己喜欢的非遗物品，在欣赏过程中获得美好的情绪体验
		热爱非遗活动并尊重非遗劳动成果，乐于参与非遗活动，在亲身体验和实际操作的过程中感受劳动的快乐，体验成就感
		以积极愉快的情绪参加各项活动，能自行解决一些困难
	自我管理	（自我认知）知道自己的姓名、性别，了解自己的优点、缺点、兴趣等
		（自我照料）有初步的自我服务能力，能参加简单的劳动
		自己的事自己做，愿意为班级做事，有初步的劳动习惯，能爱护劳动成果
		乐于接受任务，做好自己力所能及的事情
	学习品质	（独立解决问题）敢于挑战和尝试有一定难度的非遗活动和任务，感受坚强勇敢的意志品质，遇到困难能够坚持而不轻易求助
		（行为的坚持性）在成人的鼓励下，能够坚持完成自己的任务，知道不能半途而废
		（克服困难的能力）在成人的帮助下，能坚持做完自己选择的非遗活动，并为自己的成果感到愉悦
		（挑战困难）在成人的鼓励下，敢于挑战有一定难度的非遗活动
指向他人关系部分	人际认知	知道父母、老师都是爱自己的
		能分清自己和别人的东西，未经允许不拿别人的东西
	人际情感	能感受周围成人的关心和爱护，爱父母、爱老师
		能够察觉和辨识他人的情绪情感，并通过语言表达安慰、鼓励、祝贺、赞扬等
	人际交往	习惯集体生活，遵守集体规则，不扰乱别人
		愿意与同伴分享自己的玩具、物品以及自己的情绪情感和体会

（续上表）

一级维度	二级指标	三级幼儿行为表现
指向他人关系部分	人际交往	照顾比自己小的孩子，与比自己小的孩子交往时懂得谦让
		愿意与同伴协商，能与同伴合作完成任务
		（同伴交往）愿意和同伴交往，和同伴友好相处
		（社会规则）知道基本的游戏规则和简单的传统文化礼仪
		会使用一些基本的礼貌用语，学会在日常生活中对大人使用尊称和礼貌用语，如问早、问好、再见、谢谢等
		在成人的提醒和帮助下，初步遵守集体生活行为规则，能和同伴共同游戏
		能初步做到尊重他人，如长辈讲话时能认真听，并能听从长辈的要求；身边的人生病或不开心时表示关心；在提醒下能做到不打扰别人
指向社会关系部分	社会认知	知道自己的家乡和国家，知道幼儿园的名字和所在班级
		知道佛山的代表性非遗，乐于参加非遗活动
	社会情感	爱劳动、爱劳动者，珍惜劳动成果，知道劳动最光荣
		乐于参与佛山的节庆活动、风俗仪式等各种活动，愿意走访佛山非遗文化相关的博物馆、文化馆、老街等代表性物产
		感受非遗中体现出来的精神
	社会归属感	了解佛山非遗，热爱自己所在的集体和家乡
		愿意参加非遗活动，珍惜和保护周围的非遗资源

例1　指向自我维度，关于儿童的"敬业"。

怡怡（化名）喜欢参与武术活动，也喜欢武术相关的器械。她听说小班的弟弟妹妹也在用大刀做武术操，便想起自己在小班的时候看到过大刀被破坏的情况，她和小伙伴们一起学习过补刀。她主动提出用绘画的方式记下补刀的流程，并通过这样的方式展示自己的成果。怡怡知道大刀是武术经常用的器械，需要好好爱护，因此积极投入到宣传保护器械这一活动中。在教师的引导下，她梳理了大刀修补的流程为"找大刀—拼大刀—补大刀—放好大刀"四个步骤，她在纸上分别写了"1、2、3、4"来代表四个步骤，并一笔一画地先把大框描绘出来，再上色，利用线条、人物的数量等方式展示该怎么做。完成画作后，怡怡大胆地站在小朋友们面前介绍补刀的流程，并鼓励小朋友们要保护好大刀。

2012年颁布的《3~6岁儿童学习与发展指南》里有"德、智、体、美"的内容，但没有"劳"，而《幼儿园保育教育评估指南》中明确提出要把社会主义核心价值观融入幼儿园保教全过程，比如公民层面的"敬业"，小朋友的"业"在哪里？儿童的"业"是对自己的学习和生活负责。从教师观察记录中可以看出，怡怡热爱非遗活动并尊重非遗劳动成果，因为她热爱武术，知道武术器械大刀的重要性，因此才会提出利用绘画记录补刀的流程。由此可知，她敢于挑战和尝试有一定难度的非遗活动和任务，为了让大家易于理解，还利用序数的方式提示每一步的做法，并在亲身体验和实际操作的过程中感受劳动的快乐。

例2 指向自我维度，关于儿童的"勇气"。

在区域活动时，怡怡开心地去到她喜欢的角色扮演区。当被寻问此次区域的计划是什么时，她大胆地向老师表达想换上武术服装表演武术操。她首先去衣服区选了一套黄色的武术服并换上，然后走到舞台前的观众席坐下等待。到她表演时，她有点害羞地站上舞台，自我介绍时有点迟疑，而此时坐在观众席的一位小朋友淇淇主动给怡怡鼓掌，并对她说："加油！"收到鼓励的怡怡大胆地介绍了自己表演的节目，老师在旁边播放音乐，怡怡进行抱拳礼后，大胆地武了起来。等表演结束后，她开心地抱了抱淇淇，然后去器械区选择棍子作为下一个节目的道具。而在耍棍术时，因另一个小朋友刚好站起来，棍子离那个小朋友很近，不小心打到了他。此时，怡怡惊了一下，停止了表演，主动跟小朋友道歉，并立马跑去跟老师说了这件事，希望老师帮忙看看。被打到的小朋友对怡怡说了"没关系"，怡怡的脸上才没那么焦虑。老师检查那个小朋友的情况后，带他去了保健室。怡怡后来也主动询问小朋友的情况。

勇气的意思是敢作敢为、毫不畏惧。一个人遇到威胁、困难或痛苦时，他能够不退缩，正视心中的不安与恐惧，认定那是可以克服的困难，积极思考并采用对策来解决面临的困境。因此，对于幼儿的"勇气"，教师应从"应对害怕""敢于尝试与挑战""面对错误与失败"三个维度来进行架构。在《3~6岁儿童学习与发展指南》中，"应对害怕"主要指向健康领域"情绪安定愉快"的目标，而"敢于尝试与挑战""面对错误与失败"主要指向社会领域"具有自信、自主的表现""遵守基本的行为规范"的目标。

勇气作为一种内在的心理力量，需要孩子通过亲身体验与实践操作，在"做"的过程中发现自我的力量，从内心建立起"我可以、我能行"的信心。基于学前儿童的学习特点，我们应该要做到：一是当任务变得困难时，要有耐心，给予孩子时间和空间；二是多跟孩子交流自己是如何通过努力和艰辛取得成功的；三是帮助孩子设定小目标，以帮助他们实现更大的目标；四是赞扬孩子为完成一项困难任务所付出的努力，表扬他们的努力而不是结果，这种被称为"过程表扬"的称赞，会增强孩子坚持完成困难任务的动机。

例3 指向他人维度，关于安慰、合作、分享以及谦让等行为。

晨谈活动：好看的帅旗。

星期天，杨杨跟着爸爸妈妈一起去祖庙玩，在那里他看到了老师在活动中展示过的万福台，还了解了粤剧。回园后他把自己看到的主动分享给了老师和同学们。"这个星期天，爸爸妈妈和我一起去了祖庙。那里有个万福台。万福台就是上次老师说过的那个高高的台，那里有粤剧表演。我在那里看到了出将入相门帘和一面很大很大的帅旗。"老师问："什么是帅旗啊？"杨杨回答道："妈妈说帅旗就是代表元帅的，中间会有一个很大的字，就是这个元帅的姓。姓就是我们名字的第一个字。"深深："为什么这面旗要这么大呢？"杨杨："因为打仗的时候人很多，大大的旗能够让别人清楚地看到啊。这旗还有很多不同的颜色，有黄色的、红色的，旁边还有很多漂亮的花纹。"根据孩子们的交流内容，老师上网找了帅旗的图片和孩子们一起分享。

自主活动：制作帅旗。

根据孩子们的兴趣，老师提出在班上做一面漂亮的帅旗，于是在进行区域活动时他们就开始了筹备工作。老师："你们想做一面怎样的帅旗？"深深："我爸爸有黄色的布，我们可以做黄色的帅旗。"杨杨："中间有个大大的黄字，黄是我的姓。"敏敏："不行，我是（姓）马。"老师："那要不就写一个'帅'字吧，大家都知道是帅旗了。那除了这个'帅'字以外，还需要花纹吗？"师生讨论后，孩子们利用绘画的形式初步制订了帅旗的样式，找到正方形KT板、闪片、扭扭棒、珠子等材料后就开始制作。

在制作的过程中，孩子们将大小不一的正方形有序地摆放在帅旗旁，正在摆弄时，突然听到一个女孩子说："你摆错了，是一个大正方形、一个小正方形，你把两个大的拼在一起了，跟我们之前画的不一样啊。"说着，就跑去拿着他们的设计图，并指画这帅旗两边的图案。杨杨在女孩的提醒下，对比了设计图，再将摆放错的图形换回来。这时，杨杨笑着伸出大拇指表扬她："你真棒哦！"两人继续愉快地完成帅旗的制作。

自主游戏：齐齐唱童谣。

来到表演区，老师被眼前的热闹景象吸引住了，深深正带着两个小朋友在表演粤语童谣《何家公鸡何家猜》。他手里拿着沙锤，上下用力地挥动着。在深深的带动下，另外两个小朋友也很投入。接下来，他们三人又表演了童谣《月光光》《大西瓜》，有的表演念童谣，有的用乐器伴奏，非常热闹。这时，萱萱来了。她脱掉鞋子，刚坐在地垫上，"小指挥"深深就对她说："现在轮到你表演童谣了，你就表演《月光光》吧。"萱萱瞬间安静下来，坐在地垫上低着头啥也不说。深深着急地对我说："老师，萱萱不想给大家表演。"见到孩子的情况后，这时，教师便以同伴的方式及时介入，了解到原来是萱萱想唱另一首童谣《大西瓜》。老师便鼓励萱萱勇敢地跟其他小朋友说她想表演《大西瓜》。了解了萱萱的想法后，深深与其他小朋友纷纷表示赞同。

人类社会成员在其一生中具有两重属性，即生物性和社会性。社会性是人的本质属性。人的社会性发展是指个体在与他人交互作用中产生的情绪情感、自我概念、动机、品质、人际互动能力、行为习惯、社会认知和社会态度等各个方面的成长与变化。幼儿在班级这个集体中生活学习，同伴是影响其社会性发展的重要因素，其中包括分享、合作、谦让、安慰等亲社会行为。例如，合作是一种社会互动和学习的主要形式与途径，是幼儿社会性发展的重要内容。合作行为是指幼儿在与同伴互动过程中，两个或两个以上幼儿为了达到共同的目标与同伴相互配合和协调，试图实现共同目标的行为过程。通过"齐齐唱童谣"观察记录可以看到，在表演区里，孩子们能够认真地表演，念粤语童谣时还会用小乐器进行伴奏。"小指挥"深深会与同伴进行协商，一起合作完成任务。因此，深深在这一活动中体现出来的领导能力还是很强的，同伴们很乐意接受她的意见。可是，萱萱的出现，让原本热闹的活动按下了暂停键。老师了解到，是因为萱萱不肯念深深给她选的童谣。由于萱萱是个不善于表达的孩子，所以她选择了低头不语；而深深也及时察觉到萱萱不肯表演的情绪，并通过语言表达给老师听。经过鼓励后萱萱大胆地表达自己的想法说想唱《大西瓜》，深深听到后也乐意接受，尊重萱萱的想法，并能与萱萱做到友好相处。

例4 指向社会文化维度，关于儿童的热爱、归属感。

案例1：随着端午节的到来，老师组织一场酿酒的活动。为了满足孩子们的欲望，在家长的支持下，老师进行了前期的准备，与孩子们一起酿制米酒。首先把米洗干净。这时雅雅说道："我看到这些米里有黑色的小点点。我要多洗几遍。可是要放多少水呢？"带着疑问，雅雅看向了老师，问道："放一碗水够吗？"老师说："只要把米泡在水里就可以了。"雅雅又自言自语地说道："我上次听酒庄叔叔说要泡一晚上。"接着就是放酒曲了。只见雅雅先把酒曲压碎，然后撒在米里，再和小伙伴们合作把酒曲放进玻璃瓶里，把米放入瓶里，最后再撒上一层酒曲，密封好，这样就大功告成了。

案例2：在生活区，雅雅对前天酿制的米酒进行观察，可是没有看到酒，她有些失望，问道："老师，我们的米酒为什么还没有出酒呢？摸起来还冰冰的。"这时桐桐说："是不是太冷？"雅雅说："我有好多衣服，可以给这些酒瓶盖上衣服，这样它们就不冷了。"于是，雅雅从书包里找出了自己的衣服，在酿制的瓶子上裹盖了一层衣服，一边盖一边说："酒宝宝，我帮你盖上了衣服，这样你就不冷了，你要快点出酒哦。"一周后，雅雅和琪琪把酒瓶子上的衣服慢慢地打开。雅雅兴奋地说："老师，你快过来看看，我们的米出酒啦。"

自我是个体社会性的基本组成部分，自我发展具有稳定性和统一性的特点。在幼儿的社会性与品格发展中，对爱的需要和归属感直接关系到自我发展的稳定性和统一性。爱的教育是一个漫长的体验，是一个学习、积累、提升的过程，需要幼儿园、家庭与社会密切合作，协调一致，共同促进儿童良好的"爱"的情感品质的形成。儿童对"爱"的学习，正如班杜拉的社会学习理论所示，是角色榜样作用的过程，从实际生活出发，让幼儿逐步体验从亲近自然、关爱动物、厚爱家乡到热爱祖国的情感浸润与培育，学会表达爱、提升"爱"的能力。

以上案例是以幼儿探索石湾玉冰烧酒为主的一系列活动。以孩子们的一次无意发现、谈论开始，一步步去探索、发现代表佛山非遗文化的石湾玉冰烧酒的奥秘。通过生活经验链接、实地参观、实际体验、交流讨论等形式，孩子们了解了石湾玉冰烧酒的文化后，激发了幼儿爱家乡的情感，同时有了归属感。在探索的过程中，不断发现新问题，又不断去解决问题，这是孩子们经验积累与提升的过程。老师根据孩子们的兴趣开展活动，而这样的活动还需要家长们大力配合，才能产生好的效果。在本次酒文化的课程活动中，孩子们通过对比试验，不仅亲身了解了酒酿的制作方法，还增强了动手操作能力。教育回归生活，我们给予孩子的教育不仅仅是在书本上，更是在生活中。

例5　指向社会文化维度，关于儿童的家国情怀或社会归属感。

案例1：进行午餐时，每位小朋友安静就餐，每当午餐结束，我们都会一起做一件有趣的、不一样的事情。经过大家的讨论，今日我们选择了餐后散步，和之前学习过的"学习雷锋好榜样"主题活动相关——捡树叶，帮助阿姨把幼儿园的每一个角落打扫得干净整洁。在散步的途中，看到了哥哥姐姐们展示出来的剪纸作品，小朋友们很好奇，我便组织他们一起上前欣赏。这时，胜宇（化名）说："哥哥姐姐剪的小男孩、小女孩真好看！我也想和哥哥姐姐一样剪得这么好看！"到达小操场后，小朋友们都拿起了小袋子开始劳动，老师看到胜宇在认真观察树叶，就问："胜宇，你发现了什么？"胜宇回答道："我发现每一片树叶都不一样，我也想尝试剪一片树叶。"

案例2：起初，胜宇在进行独立剪纸时无从下手。每当老师问"怎么啦，胜宇"时，胜宇都会说："老师我不会。"经过几次的活动，我发现胜宇变得不一样了，愿意自己勇敢迈出第一步。今日的剪纸活动选择了"毛毛虫"这一主题，利用手工剪纸树叶和黏土来完成毛毛虫。在剪纸的时候，胜宇不仅会自己独立完成剪纸，还会教身边的小朋友如何操作。在作品欣赏时，胜宇能够完整地表达出自己的姓名、班级和作品名称，很自豪地告诉大家，"这是我的作品"；每次活动结束后，还会积极询问老师："我的作品可以带回家吗？"

案例3：在区域活动时，胜宇会思考，应该去什么区域游玩，最后大部分选择在美工区。他准备好材料，选择了自己观察到的树叶，很快裁剪起来，剪完后举起来左右翻看一番，又继续拿起下一张彩纸动起来。不一会儿，不一样颜色的树叶、不一样体型的树叶呈现出来，胜宇很高兴地把老师喊到了身边："老师，你快看！我剪了很多五颜六色的树叶！"

以上案例是教师对小班小朋友胜宇的长期观察记录，胜宇喜欢非遗文化并乐于参与相关活动，有一双善于发现的眼睛，会通过所听、所见、所闻和自己亲身经历来感受劳动的快乐，感受剪纸带来的乐趣；坚持做完自己选择的非遗活动——剪树叶，并为自己的成果感到愉悦；每次作品展示时，会大声告诉大家自己的姓名和班级，大胆展示自己的作品，愿意收藏自己喜欢的作品以及珍惜自己的作品。

幼儿教育是基础教育的重要组成部分，是学校教育和终身发展的奠基阶段。儿童是祖国的未来、民族的希望。博大精深的中华优秀传统文化积淀着中华民族最深沉的精神追求，能增强做中国人的志气、骨气和底气，是中华民族生生不息、发展壮大的丰厚养分，更是时代新人植根的文化沃土。家国情怀是中华民族的心灵底色，爱国主义是中华儿女最自然、最朴素的情感。因此，深入挖掘中华优秀传统文化蕴含的家国情怀资源，在新时代培养儿童的情感认同和文化自信，无论对于个体成长、群体塑造、社会发展，还是对于民族文化传承与更新，都具有重要的意义。

（四）档案袋评价法

档案袋评价又称成长记录袋评价，幼儿档案记录是指幼儿教师采用为幼儿建立档案袋的方式，有目的地收集反映幼儿发展的相关材料，如幼儿的照片、录像、作品以及成人对幼儿所做的观察记录等，并附带幼儿自评、教师及家长的评语和同伴间互评的相关资料，以此来反映幼儿在一段时间内的进步或不足，展现幼儿的成长历程及意义。

四、保教人员评价方法

（一）课程故事

用课程故事的方法可以更好地检验幼儿对活动是否感兴趣，激发幼儿积极表达想法，记录幼儿学习痕迹，也是教师教育反思的一种形式。

[课程故事] "童趣非遗"系列课程故事之"刀光剑影"

佛山市禅城区同济幼儿园

课程故事来源："玩转蔡李佛拳"主题活动

幼儿园班级、核心人物：同济幼儿园中二班的孩子们

参与撰写的教师：余娉婷

第一部分　课程故事概要

这是一个发生在佛山市禅城区同济幼儿园中二班的故事。在一次区域活动中，几个孩子在语言区用不同动物的角色牌进行着故事创编，并在一个孩子提出"为什么孙悟空有了金箍棒就会很厉害？"的疑问后引出了一系列关于兵器的有趣故事。

故事起源：孩子们在故事创编中发出疑问"为什么孙悟空有了金箍棒就会很厉害？"——跟随老师的脚步观看表演寻找"孙悟空"——在根据经验和记忆寻找"孙悟空"的过程中引发了"如何做兵器、用什么来做兵器"的头脑风暴——参观功夫阁兵

器库—设计自己的兵器图—和家长进行兵器制作—与朋友切磋比武，展示自己的兵器—在切磋中引出思考"能不能带兵器上蔡李佛拳课"—得到教练的回答后为了目标更加认真练习蔡李佛拳。

每一个小故事都是发生在孩子们发现问题、讨论问题、解决问题的过程中，他们通过实践探究、亲身体验去感受和学习武术的精髓。

第二部分　课程故事缘起

每天幼儿园都安排了一个小时的区域活动时间，孩子们可以根据自己的喜好选择想去的游戏区域，并运用各种各样的区域材料不断学习新的知识、掌握新的技能、打开新的脑洞。

文翊：我的恐龙超级厉害，有好多尖尖的牙齿。

淇淇：孙悟空还有金箍棒呢，孙悟空最厉害。

艺文：为什么孙悟空有金箍棒就会很厉害啊？

铭熙：孙悟空的金箍棒可以变大，变大之后就可以消灭怪兽，恐龙都不怕，当然厉害啊。

义博：真的吗？那我也想变成孙悟空，这样，我拿着金箍棒就会变得很厉害了。

文翊：你又不是猴子，怎么变成孙悟空啊？

老师：谁说只有猴子才能变成孙悟空啊，你们小朋友也可以像孙悟空一样厉害的哦。老师带你们一起看看我们大班哥哥姐姐变身的"孙悟空"。

第三部分　系列课程故事

一、观察想象

大家都好奇地跑过来想看看"孙悟空"到底是谁。

1. 哪个是"孙悟空"

（孩子们观看视频）

嘟嘟：这里第一个是孙悟空。

景皓：拿着金箍棒那个姐姐是孙悟空。

立立：可是后面那个打功夫的姐姐也很厉害啊，我觉得她才是孙悟空。

乐羲：但是中间的姐姐没有拿棍子啊，她肯定不是老师说的孙悟空。

雨桐：孙悟空不是男生吗？

文翊：可是，后面那两个哥哥拿的不是金箍棒啊。

洛洛：哥哥好像在找东西，都不会打功夫，肯定不是。

澄澄：你怎么知道那个哥哥不会打功夫啊，孙悟空的金箍棒不是会变大的吗？可能孙悟空怕别人偷走，才偷偷把金箍棒变成那个样子的。

2. 金箍棒变身

景皓：金箍棒可以变成大圈圈吗？

乐怡：你为什么要把金箍棒变成一个圈啊？

景皓：圈圈一飞出去就可以圈住妖怪，比用金箍棒打妖怪快很多。

虫虫：变成一把刀肯定更厉害，一砍就分两半了。

老师：刚刚你们看的是大班的哥哥姐姐在进行打蔡李佛拳之前的热身运动，他们有人手上拿着兵器在热身，也有人没拿兵器，是因为他们要学习的蔡李佛拳动作不一样，他们都是很厉害的小小"孙悟空"哦。

巡洋：那是不是拿着兵器打蔡李佛拳更厉害？

义博：肯定更厉害，我也要拿一个兵器去上蔡李佛拳课。

3. 兵器在哪里

巡洋：哪里有兵器啊？

小鱼：孙悟空那里不是有金箍棒吗？可以把它剪下来。

悠然：那个是软的，不能用。

小鱼：那哪里有硬的东西啊？

立立：笔啊，水彩笔不是硬的吗？

芯芯：水彩笔那么短，都不像金箍棒。

老师：那能不能自己设计呢？设计一款你们喜欢的兵器，怎么样？

二、脑洞大开

（孩子们参观了功夫阁展示出来的刀枪兵器）

评评：哇，这些兵器好大。

逸橦：这把绿色的好看，我要做这个。

洛洛：这把是不是均淏之前带回来的啊，我也做一把和他一样的。

思思：这个兵器上有花花，好好看。

（孩子们开始为自己设计兵器，画出了各种各样的设计图纸）

三、大手小手动起来

老师：你们的设计都很棒，请你们回家和家人一起分享自己的设计图，尝试根据设计图，和爸爸妈妈或哥哥姐姐、弟弟妹妹把兵器做出来吧。

四、切磋比武

（孩子们带着和爸爸妈妈一起制作的兵器，在幼儿园开始了比武）

立立：我的枪比你的刀快很多。

敏妤：我的可是天下第一刀，能挡住你的枪。

评评：看，我的剑很快，还很尖。

均淏：我的盾牌很硬的，你肯定打不到我。

思彤：你的牛牛盾牌好帅啊。

骏伟：我们把兵器拿给翁教练看看。

艺文：好啊好啊，她肯定很喜欢我的枪。

（有小朋友提出了新的疑问）

恬恬：但是，我们可以拿着兵器上蔡李佛拳课吗？

琳琳：大班的"孙悟空"哥哥姐姐不是也有拿着兵器打功夫的吗？我们应该也可以吧。

老师：要不先放在课室，然后上课的时候你们先问一下翁教练可不可以拿兵器，好不好？因为你们做的兵器都很大，带着走来走去可能会弄坏，也可能会弄伤自己或其他小朋友哦。

（于是，孩子们把做好的兵器都交给了班级的兵器库保管，并期待着蔡李佛拳课的到来）

五、学武从基本功开始

一上蔡李佛拳课，孩子们就迫不及待地围着教练问兵器的事情。

后来，翁教练告诉孩子们：因为你们还太小了，拿着兵器练习很容易受伤，等蔡李佛拳的基本功练好了，有足够的力量了，再慢慢学习拿兵器，所以现在要认真地练习好基本功，以后才有机会变成很厉害的"小小孙悟空"。

于是，孩子们在之后每次上蔡李佛拳课时，都比以前更加认真，声音也更加响亮。

六、蔡李佛拳的意义

随着与蔡李佛拳接触的时间慢慢变长，孩子们对蔡李佛拳也有了更深的认识，在幼儿园的每个角落稍做停留，都会发现几个正在切磋蔡李佛拳的小身影。

淏淏：看我的出拳，嚯！

义博：你的拳头打过来一点都不痛，我用yi、ei、se（蔡李佛拳口令）就能把你打倒。

悠然：你们不是练习蔡李佛拳吗？怎么变成打架了呀？

义博：我的蔡李佛拳比他更厉害，他肯定打不过我。

瑾瑾：你只是比钧淏有力一点，也不是很厉害啊！

铭燊：要不你们都用蔡李佛拳打一架，不就知道谁的蔡李佛拳更厉害啦！

乐曦：老师说不可以打架的。

证正：翁教练说我们要先练好基本功，然后才可以拿兵器，不如等拿兵器的时候再来玩兵器大战吧！

老师：兵器可不是用来打好朋友的哦，而且练习蔡李佛拳也不是为了打架，更不是为了比赛谁更厉害。

为了让孩子们更容易理解学习蔡李佛拳的意义，老师找来了一本《熊猫幼儿园》的故事绘本，并请孩子们一边听故事，一边表演内容。

证正：原来功夫墩是天天练武功才这么厉害的呀，那我不上蔡李佛拳课的时候也要自己练习才行。

铭熙：那是不是天天练习蔡李佛拳，以后打架肯定能赢啊？

老师：噢，可爱的宝贝，学习蔡李佛拳可不是为了打架的，蔡李佛拳提倡"文明武术"，它的初衷是为了让大家能够拥有强壮健康的身体；还讲究"以武会友"，遇到困难大家互相帮忙、一起解决，在学习蔡李佛拳的过程中慢慢交了很多好朋友；不仅如此，我现在这么厉害，可不是随便学习一两天、一两个星期就能够做到的哦，而是师父每天都让我坚持练功，我一天都没偷懒过呢，这也让我慢慢懂得了坚持不放弃才能成功做好每一件事的道理。现在，你们知道为什么要学习蔡李佛拳了吗？（模仿功夫墩的声音）

雨桐：我知道，是为了身体健康不生病。

思彤：还能越来越强壮，这样，我们就可以跟着功夫墩去山上玩啦。

澎澎：对，学习蔡李佛拳可以认识更多好朋友，可以和更多小朋友一起找功夫墩玩。

卓卓：蔡李佛拳不是用来打架的，学蔡李佛拳就可以像大班的那些"孙悟空"哥哥姐姐一样厉害，还可以出去表演。

老师：你太棒了，还记得哥哥姐姐们的蔡李佛拳表演。

檀檀：我也记得，还有张爷爷讲故事。

小鱼：对，张爷爷说练习蔡李佛拳可以强身健体，以后还可以保护国家。

他们小小的身体里正孕育着无限可能，而身为教师的我静待花开。

第四部分　与儿童道德发展相关的重要事件

关键事件：设计兵器。

在《刀光剑影》的故事中，令老师惊喜的是，孩子们在参观了功夫阁的各种兵器并与好朋友讨论兵器样式后，能根据自己独特的想法画出与众不同的设计图，每一张图纸都展现了孩子们独一无二的思考，都是他们经过自己的思考、想象后付诸行动的证明，并在设计好兵器后，积极地和家长动手制作兵器，落实把设计变成真兵器。从孩子们讨论、设计、制作、切磋的整个过程中，老师能感受到他们愿意分享、爱思考、愿意付诸行动去实践的学习品质。

第五部分　教师的反思与思考

《幼儿园教育指导纲要（试行）指南》社会领域目标指出：乐意与他人交往，学习互助、合作和分享，有同情心；能主动地参与各项活动，有自信心；不怕困难，有初步的责任感。在本次"刀光剑影"的课程活动中，我充分尊重幼儿，引导幼儿大胆表达自己对兵器的认知感受，支持幼儿的活动，为幼儿创造设计兵器、制作兵器、用兵器对战的平台，满足幼儿对学习兵器相关知识的欲望。幼儿的思考随着活动一步步深入，我以分组讨论、参观、亲子活动等形式帮助幼儿把获得的相关经验进行梳理、归纳与总结，使幼儿的认知得到提升，丰富自身经验。

不足之处在于，在布置亲子制作兵器活动时，应先让家长带幼儿去实地参观，请幼儿一起分享自己的参观经历，通过亲眼所见的参观经历设计自己的兵器，根据设计图再和家人一起完成制作，从而使兵器的整个制作过程更加完整。

第六部分　专家点评

禅城区同济幼儿园相关负责人说，在课程活动中，教师能认真聆听幼儿的发言，给充足的时间让他们在各自提出的想法冲突中迸发出更多的想象，让幼儿能够更好地发挥想象力和创造力。当看到幼儿对某个点产生浓厚的兴趣和热情时，教师趁热打铁，带他们去参观，让幼儿从凭空的想象到实地的考察，教师给予了幼儿支持。在教学中，教师不仅告诉幼儿什么事情可做、什么事情不可做，更重要的是要说明可做与不可做的前因后果，这样幼儿才能更好地对事物进行理解和学习，由此看到了教师尊重孩子、关注孩子，教师的教育观和课程观在转变。

[课程故事] 马卡龙藤篮子

佛山市禅城区南庄镇南庄幼儿园

课程故事来源的主题：玩转藤编

幼儿园班级：大一班

参与撰写的教师：黄玲利

第一部分　课程故事的概要

这是一个关于孩子们和藤编"篮子"的故事。这个故事发生在佛山市禅城区南庄幼儿园五月的一天，孩子们无意中发现班上的黄老师换了个跟平时不一样的手提包，因而引发了好奇心。他们热烈地讨论着，提出了各种各样的问题。正是因为孩子们的好奇心，老师打破了传统的说教模式，追随孩子们的好奇，开启了行走的课堂，更深入直接地去了解藤品。于是，由老师换了个手提包而引起孩子们的好奇心所引发的一系列探索故事就这样奇妙地发生了。

通过访藤（打卡非遗点）—寻找身边的篮子—编篮子—互相欣赏与分享—传承人进课堂等一系列探索活动，孩子们不仅学会了编篮子的技艺，还了解与感受到藤编非遗文化手工艺的魅力。

第二部分　课程故事的"缘起"

有一天，黄老师把手提包放在了课室的电脑桌上。一个孩子指着手提包说道："黄老师，你的袋子好漂亮啊！"这时候孩子们看见手提包，好奇地围观起来。

文：是呀，老师的手提袋好漂亮哦！

希：怎么跟我妈妈提的手提袋不一样呢？

婷：我妈妈的手提袋是皮做的。

伦：我妈妈的是布做的。

婷：老师，你的手提袋是用什么做的？

晴：上边的图案好像老师帮我编的辫子哦！

……

当孩子们的兴趣点被敏锐捕捉的时候，教师应思考：这个点的探索价值在哪里？孩子们可能会朝着什么方向继续前行？教师可以提供哪些支持从而引发孩子深入探究？

第三部分　系列课程故事的"发展"

（一）访藤——打卡非遗点

南海藤编约有8000多个花色品种，主要有藤皮、藤芯、藤席、藤笪、藤织件和藤家具六大类。藤编工艺复杂，不同的藤制品制作工艺各有不同。藤编也是我们佛山的非物质文化遗产。

为了让孩子们更加直观地了解藤编历史文化和传统技艺，感受这一古老的非物质文化遗产的魅力，老师带领孩子们打卡非遗点——南海藤编传习所。当孩子们走进生产车间，看到工人们有的在编织，有的在锤打，有的在定型，孩子们迫不及待地向工匠们请教藤编的传统技艺，用灵活的手指感受藤编的神奇。

老师又组织孩子们去了藤编展览馆，让他们感受传统编织手工艺的魅力。丰富多彩、琳琅满目的藤编作品吸引着一双双好奇、求知的眼睛，展厅里时不时发出孩子们的提问声。

孩子们通过参观基地，认识了藤，粗浅了解藤编的历史文化和感受了精湛的匠心技艺，激发了孩子们的兴趣和动手操作的欲望。

（二）寻找身边的篮子

打卡非遗点之旅结束，孩子们回到家和自己的家人分享去非遗点打卡的快乐，还找来了一些篮子分享给老师和同伴，并提出了疑问。

萌：这个篮子不是用藤做的。

睿：这个形状怎么是长方形的？

婷：这个篮子没有耳朵。

希：我也想做一个。

孩子们纷纷说想自己编一个小篮子。

为了让孩子们能从直接感知、亲身体验、实际操作中获得答案，我们为孩子们提供了制作藤篮子的材料，支持孩子们在小藤舍设计一款有自己特色的篮子，小小"设计师"们开始工作啦。

（三）编篮子

孩子们设计自己喜欢的藤篮子，然后挑选适合的藤条，就开始探索编织了。如图7-1所示，这是孩子们自己在没有经验的情况下，自己探索编织的样子。

在编织的过程中，孩子们发现不管怎么编都不能固定好，编了好一会儿，孩子们说："这个像蜘蛛网的是怎么编的呢？怎么老是掉下来？"当他们研究来研究去都不成功的时候，便求助老师了。老师要做一个敏锐的观察者，尊重孩子的兴趣和愿望，当好孩子的参谋和助手，于是，师幼"合作"编织开始了……

孩子们一边念口诀一边学习编织的方法：一上一下、压一挑一、绕一绕、弯一弯、交叉扭一扭。

图 7-1 小小"设计师"作品

在幼儿编织中出现了小意外——藤条断了！

婷：耶！美睿，你看，好奇怪喔！藤条怎么编着突然会断了？

睿：藤条太干了吧！

婷：啊！

烨：怎么了？

希：用什么方法藤条才不容易断呢？

莹：我想起来了，那天参观的时候，那个阿姨旁边有一桶水，我看到她把藤放进去了！

维：哦，老师，我们也试一试吧？

原来，藤条遇水会变柔软，变得有韧性，小朋友发现了这个秘密，他们在编织过程中收获了满满的乐趣！

孩子们经过设计、选藤、学习等环节，从泡藤—打底—折弯—编篮身—收口—装饰六个环节开始了他们的编织之旅。

通过动手操作，孩子们欣喜地发现——

烨：有的篮子编织得比较稀疏。

希：有的篮子编织得比较密。

莹：编的时候，你要用手压紧一点。

婷：对呀，你看我就压得紧。

睿：哎呀，我没有压紧哦。

烨：怪不得，我的这么疏，你的这么密。

希：嘻嘻！

孩子们在玩中完成了作品，他们的学习之旅充满了快乐和趣味。

（四）互相欣赏、分享成功的喜悦

琳：我的篮子用花朵来装饰，边上我还绑了一条绳子。

伦：我用毛毛球装饰我的篮子。

文：我用扭扭棒做了篮子上弯弯的大耳朵。

轩：这朵花很搞笑，把它插进篮子里肯定好看。

希：我的篮子里有玫瑰花，我还绑了一条丝带。

婷：我的篮子用了水彩笔、毛毛球，还有珠子，你们看，很漂亮吧？

（五）传承人进课堂

课程故事就这样结束了吗？不！孩子们又提出了疑问……

轩：我的篮子颜色比老师的好看。

文：但是，你的没有老师的滑。

伦：文文，你的篮子有的地方织错了。

希：对哦，这两条都是上面的。

为了让孩子们更加了解编织的技巧，我们邀请了南海藤编佛山市级非物质文化遗产传承人何丽容走进课堂，让孩子们与非遗文化零距离接触。何老师向老师及孩子们讲述了藤编故事，让我们更加了解了藤编的发展历史，展示了藤编编织方法以及他们的传承之路。

非物质文化遗产既是历史发展的见证，又是珍贵的、具有重要价值的文化资源。我们将非遗传承人请进来，就是让他们把精湛的编织技艺带进幼儿园，为老师、孩子们打开一个了解非遗、认识非遗、亲近非遗，继而喜爱非遗、自觉传承非遗的窗口。这种口传心授的方式，令老师、孩子们绝口称赞，极大地推动了非遗课程的传承和发展。

第四部分　与儿童道德发展相关的重要事件

在藤编课程故事开展的过程中，我们一直在跟随孩子的脚步发现问题，解决问题……一起见证课程故事从无到有，落地生花。

我们惊讶于孩子们的表现，也感动于他们的成长。这个过程，从孩子的主动探究和学习藤编历史文化，学习认真专注的工匠精神，到孩子们逐步认识非遗"藤编"的基础上，学习简单的编织，当他们遇到困难时也没有放弃，会想办法解决问题，以及请教传承人给予帮助，他们的敢于探究和尝试、克服困难的精神带给我们更多的欣慰。

第五部分　教师的反思与思考

（1）基于孩子视角，捕捉孩子的关键信息，追随孩子的脚步，尊重孩子的自主学习，做孩子背后的助推者，这是一件快乐又幸福的事情（如图7-2所示）。

（2）由一个老师平时拿的一个手袋藤篮引出的探索之旅，孩子们通过实地探访了解南海藤编历史文化、亲身体验藤编和学习藤编技艺，让孩子们通过"非遗"的文化浸染和艺术熏陶，根植孩子们的家国情怀（如图7-3所示）。

（3）这仅仅是一个开始，南海藤编是岭南编织艺术的代表，具有1000多年历史，是我国宝贵的文化资源，更是弘扬民族文化、振奋民族精神极好的教育资源。我们将会和孩子们一起传承这份"爱"。

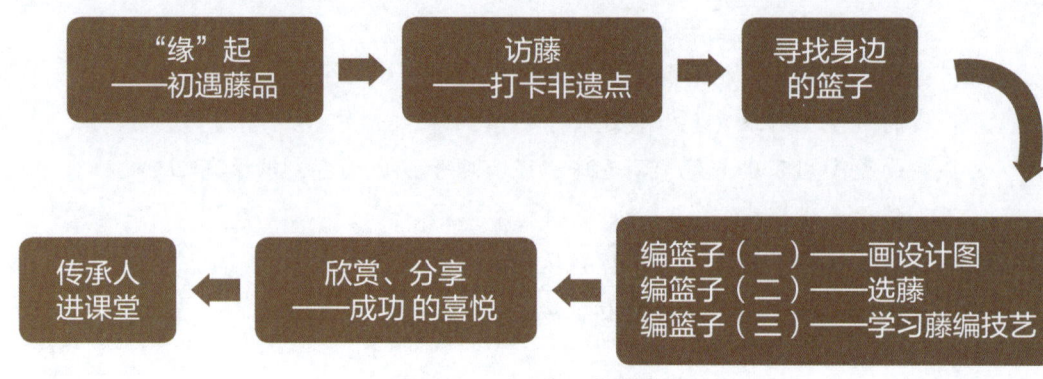

图 7-2 孩子学习的线索

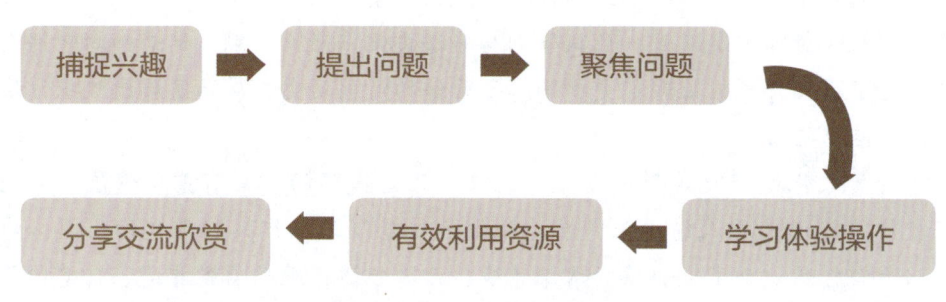

图 7-3 教师的观察与支持

第六部分　专家点评

课程故事是一种追随幼儿视角，坚持关注课程的真对话、真留痕、真成长，通过预设、实践、生发、调整，循环反复，努力让课程故事绽放精彩的幼儿教育。

这个课程故事有基本要素，能够充分满足幼儿的学习兴趣，释放幼儿的潜能；能以幼儿为主体，让幼儿独立解决问题。在这个课程故事中，教师为幼儿创设真情景、真材料，让幼儿亲身体验藤编，了解藤编历史文化和学习编织技艺。通过非遗文化浸染、艺术熏陶、文化体验，根植幼儿深厚的家国情怀，培养幼儿爱家乡、爱祖国的情感和良好的品德素养及个性品质。

（二）微格教学评价法

微格教学评价法是一种特殊的观察方法，它强调了录像设施的使用，并要求以一个团队的形式来进行评价，使评价成为一种集体行为，从而避免了评价过于个人化。微格教学评价基本程序有三个：一是在理论指导下进行现场观摩和实况录像；二是回放录像，观摩录像，开展讨论；三是进行理论总结，并把理论运用到教学实践中去检验和拓展。

（三）自我反思

教师自我反思可以通过教学活动反思和教育叙述故事来评价，教育叙事故事以幼儿园一日生活体验作为出发点和归宿，以各种叙述材料讲述一日活动的故事，帮助教师反思教学活动过程（见表7-4）。

表7-4　教师自评

活动类型：	年龄班：	执教者：
活动主题： 活动名称：		
活动目标：		
优点：		
有待改进之处：		

（四）个案研究法

案例研究是教师教育教学中真实典型的事件，可以是一个人也可以是一个群体，比如可以研究外来务工子女和新佛山人对非遗文化的认同。

五、家长评价方法

（一）认知性评价

设置一些关于非遗知识和幼儿德育养成的访谈提纲或者问卷，了解家长对本土文化的了解程度、对幼儿品德培养的偏好以及家长参与行为的变化。

（二）表现性评价

通过幼儿园的开放日、家长志愿者活动、亲子活动、日常课程配合等进行家长行为的评价。

良好的品德要从小培养，学前儿童品德教育具有情感为先、行为在前、认知在后的特点。幼儿社会态度和社会情感的学习具有潜移默化的特点，不是教师直接"教"的结果，而是在实际生活中通过积累有关的经验和体验形成的。在幼儿园保育教育过程中，我们通过文化浸润，将良好的品德培养融入幼儿一日生活之中。

第八章 "童趣非遗"德育课程研究的实施效果与未来展望

第一节 "童趣非遗"德育课程研究的实施效果

一、"童趣非遗"课程促进幼儿道德水平

为了探索非遗课程对幼儿道德发展水平的促进作用,项目组究选取了两所保教质量、园所等级、园所类型相近的幼儿园进行准实验研究,共随机选取了97名幼儿参与,其中,实验组44名(女童占53.8%,小、中、大班比例为3.8∶3.1∶3.1),对照组53名(女童占50.0%,小、中、大班比例为3.6∶3.2∶3.2)。

本项目主要通过幼儿的道德情绪辨别能力和助人行为水平来对幼儿的道德能力进行测量,测量工具采用了Denham设计的木偶游戏[1]、Pon的情绪理解游戏[2]和Saleem等人设计的助人行为游戏[3]进行测试。其中,为了考虑儿童道德情绪发展的水平差异,木偶游戏和情绪理解游戏分别考察中、大班幼儿和小班幼儿,助人行为游戏则对全体幼儿进行测量,测量结果见表8-1。

表8-1 幼儿道德情绪识别与助人行为能力的重复测量分析结果

变异来源	统计指标	道德情绪识别	助人行为能力
组别×测量时间点	$F(1, 93)$	6.601	8.068
	p	0.012	0.006
	η^2	0.066	0.081
组别	$F(1, 93)$	0.032	1.338
	p	0.858	0.250
	η^2	<0.001	0.014
测量时间点	$F(1, 93)$	0.006	0.187
	p	0.940	0.666
	η^2	<0.001	0.002

从表8-1结果来看,在道德情绪识别上,组间主效应不显著($F = 0.032, p = 0.858$),组内主效应不显著($F = 0.006, p = 0.940$),但两者的交互效应显著($F = 6.601, p = 0.012$),表明不同组在情绪识别能力的增长上存在差异。进一步简单效应检验表明,对于实验组而言,后测分数要显著大于前测分数($F = 7.138, p =$

---

[1] DENHAM S A. Social cognition, prosocial behavior, and emotion in preschoolers: Cotextual validation. *Child development*, 1986, 57(1): 194-201.

[2] PONS F, HARRIS P L, DE ROSNAY M. Emotion comprehension between 3 and 11 years: Developmental periods and hierarchical organization. *European journal of developmental psychology*, 2004, 1(2): 127-152.

[3] BEIER J S, GROSS J T, BRETT B E, et al. Helping, sharing, and comforting in young children: Links to individual differences in attachment. *Child development*, 2018, 90: 273-289.

0.009），但在对照组上，则前后测分数变化不明显（$F = 0.940, p = 0.335$）。该结果表明，相较于传统课程的幼儿园而言，借鉴非遗资源的幼儿园其幼儿的道德情绪识别能力提升明显。

二、"童趣非遗"课程赋能教师专业成长

项目组向佛山市禅城区项目参与者——幼儿园教师和园长共400余人发放问卷《幼儿园"童趣非遗"德育课程建设现状调查》，采取随机问卷的调查方式，通过问卷星进行发放。此次调查回收问卷共计230份，根据回答有效时长筛选出有效问卷230份，回收率100%（如图8-1所示）。

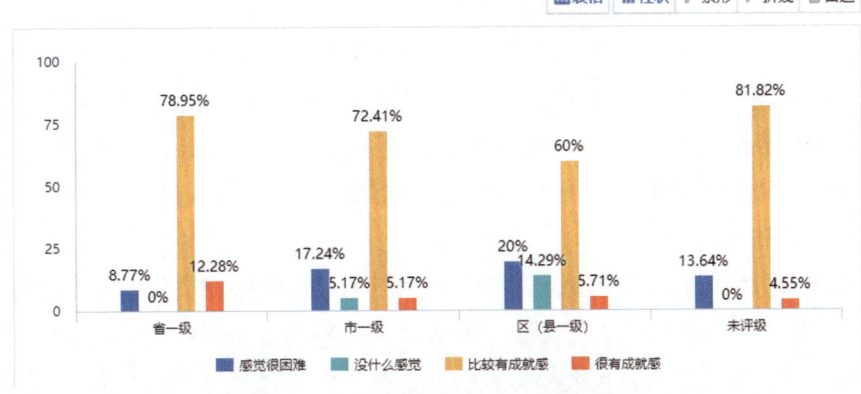

图8-1 幼儿教师的专业情意调查

在此次问卷调查中，对幼儿教师在"童趣非遗"园本课程开发中的专业发展情况从专业情意、专业知识、专业能力和专业发展支持等方面进行分析和总结。

（一）幼儿教师的专业情意现状

第一，90%以上的幼儿教师们对"童趣非遗"德育课程开发持"十分赞同""比较赞同"的态度，并且这些持支持态度的幼儿园教师均认为"童趣非遗"德育课程对他们而言具有较大的价值。他们认为"童趣非遗"德育课程对他们的多方面发展均具有价值，包括教师专业发展、儿童主体性发展、幼儿园晋级、家长宣传等，且他们绝大多数人认为"童趣非遗"德育课程的开发对于幼儿的主体性发展是有价值的。而就"童趣非遗"德育课程对幼儿教师自身的价值，近99%的幼儿教师认为园本课程的开发对其专业知识的增加和专业能力的提升是有所帮助的。第二，"童趣非遗"德育课程开发给幼儿教师的专业发展也带来了多方面的影响，大

部分幼儿教师认为"童趣非遗"德育课程的开发提升了他们的专业素养，使他们获得了成就感和满足感，增强了使命感和责任感。第三，绝大部分幼儿教师在实施自己开发的课程活动方案时感觉较有成就感。

（二）幼儿教师的专业能力现状

根据调查结果发现，幼儿教师在课程开发过程中更多地扮演课程开发参与者的角色，且"童趣非遗"德育课程的开发确实使幼儿教师各方面能力得到发展和成长。值得注意的是，部分教师的本土课程资源开发能力有待加强，部分幼儿教师需要更多地进行教学反思，改变课程开发过程中仅仅扮演课程执行者的现状。第一，在"童趣非遗"德育课程开发过程中，大部分幼儿教师认为自己扮演着课程开发的参与者，1/5的教师认为自己在园本课程开发中扮演着课程执行者的角色。第二，幼儿教师们基本上都感到"童趣非遗"德育课程的开发可以使他们的多方面能力得以提高和发展，例如，园本课程开发能力、教育研究能力、园本课程实施能力、园本课程评价能力、反思能力。第三，近90%的幼儿老师认为园本课程的开发对自身课程研究能力具有提高作用，自己能够根据幼儿的需求设计有价值的、受幼儿欢迎的"童趣非遗"德育课程活动。

（三）幼儿教师的专业发展支持现状

根据调查结果显示，虽然幼儿教师们在园本课程开发中愿意去提高自身，也具有多元的提升路径，但在园本课程开发中仍存在一些困难，在后续研究中应注意进一步创设更为系统的培训方式，为教师提供更多、更专业的专家指导和教学反思的外部支持，利用"互联网+"优势，共建共享课程资源，加大课程资源开发的力度和共享的范围和深度。

幼儿教师们期望能够获得更多的帮助，大部分幼儿教师期望能够获得进修学习、观摩优秀课程、开展教学研讨等帮助，部分幼儿教师期望园领导能够加强对"童趣非遗"园本课程开发的重视，且大部分教师期望在教育研究能力和园本课程实施能力方面得到帮助，部分教师期望在园本课程评价能力和反思能力方面得到帮助。

三、"童趣非遗"课程提升幼儿园的保教质量

（一）聚焦课程研究，项目核心园走向"成名"之路

在广东省学前教育"新课程"科学保教示范项目"文化润德：基于非物质文化遗产的幼儿园德育课程体系建设"的推动下，各幼儿园发挥潜力，在创设共享、共建、共研的非遗资源过程中，以传承和创新非物质遗产文化为己任，近三年来取得了一系列教育教学成果，包括发表期刊论文、申报课题、出版书籍，并取得若干奖项，且在不断探索中凝练总结经验，撰写主题方案、课程故事、学习故事、非遗论文等。首先，幼儿教师在非遗润德教研中主动提炼日常教学心得，不断探索钻研论文写作，通过教育实践和理论研究提升自身教研水平，向专业型、研究型教师发

展。在项目开展过程中，征集非遗·教师论文222篇，幼儿园出版书籍3套。其次，幼儿园在项目开展过程中，以非遗润德为依托，结合自身发展需求和实际情况，申报省、市、区级相关课题33项。最后，幼儿教师在非遗润德项目中感受非遗魅力，充分发挥自身潜力，不断提高自身业务技能和专业素质，近三年项目参与幼儿园教师共获奖123项。以"文化润德：基于非物质文化遗产的幼儿园德育课程体系建设"项目为依托，以20所领衔园为引领，全区157所幼儿园全面提升幼儿园的办园水平和保教质量。

（二）组建区域幼儿园共同体，打造"一园一品"德育特色课程资源

佛山市禅城区历来重视学前教育的发展，依托全区一级办学、一级管理体制优势，以省一级幼儿园为龙头，在全省率先组建了区域幼儿园共同体，通过搭建非遗德育课程交流互动平台，围绕"传承人+基地+领衔园+课程实施"的一体化实施路径，开展了多年"非遗润德"特色课程的实践探索。在此基础上，依据幼儿道德发展规律、当地资源供给、幼儿园文化基础等维度，最终形成了"陶艺：以品育德""武术：以魂育德""剪纸：以美育德""饮食：以礼育德"四个以佛山禅城本土非遗项目为核心的幼儿德育课程体系。例如，以佛山科学技术学院附属幼儿园的"食育"课程为例，食育是以食物为核心，涉及健康、语言、科学、社会、艺术五大领域全面发展的课程，蕴含在幼儿一日生活中。"非遗食育"课程以幼儿主动学习为核心，以游戏为载体，积极研究本土的饮食文化，积极挖掘幼儿园本身及周围的课程资源，围绕培养"康食、会食、喜食、礼食"的幼儿课程理念，从知、行、意、情四个维度，构建具有岭南文化特色的食育课程体系。

全区共同体各幼儿园依托"一园一品"建设，不断深入开发非遗德育特色课程资源，拓展以非遗为基础的幼儿德育实施方式，不仅对幼儿道德发展起到了潜移默化的影响，而且对教师的专业成长和道德素养产生了巨大的促进作用。例如，在"刀光剑影"主题活动中，"在设计好兵器后，积极地和家长动手制作兵器，落实把设计变成真兵器。从孩子们讨论、设计、制作、切磋的整个过程中，老师能感受到他们愿意分享、爱思考、愿意付诸行动去实践的学习品质在发生"。在"粤剧咚咚锵"中，"在这个过程中教师不断学习、不断进步，包括去查询各种资料、拜访粤剧演员、参观粤剧博物馆等过程，使教师对粤剧文化的认识逐渐加深，对戏剧教育的理论也逐渐了解"。

四、"童趣非遗"德育课程助推家—园—社协同共育

（一）推动家庭参与课程建设，拓展幼儿道德发展的家园共育方式

在幼儿园教育实践中，家园共育常常被简单化为"家园沟通"。如何破解家庭参与幼儿园课程建设的单一化问题，交叠影响域理论提供了一个非传统的家校合作的实施框架和支持策略，即当好家长（parenting）、沟通交流（communicating）、

志愿活动（volunteering）、居家学习（learning at home）、作出决策（decision making）、社区参与（collaborating with community）[①]。

在"童趣非遗"德育课程开展过程中，各幼儿园积极鼓励家长参与，非遗也给家长参与提供了丰富的机会，让家长通过展示非遗技能、讲解非遗故事、观看非遗视频、参观非遗基地等方式，与幼儿园紧密结合在一起，共同为幼儿道德发展提供支持。例如，在"粤剧咚咚锵"主题活动中，"钊睿奶奶正好是一位专业的粤剧演员，经常在祖庙的万福台演戏，孩子们迫切地希望邀请刘奶奶来解决心中出现的疑问，让儿童版的《宋皇探访天波府》能成功演出"，"奶奶一招一式地教大家甩好水袖和做一些基本的造手动作；此时，孩子们才知道原来'甩水袖'和表演的肢体动作是大有学问"。

（二）依托社会基础发展课程，推动德育持续融入幼儿社会生活实践

2011年颁布的《中华人民共和国非物质文化遗产法》，通过政府的组织推广，为唤醒国家和人民对非物质文化遗产保护的文化自觉奠定了良好的基础。佛山市广府文化重要的发源地，拥有丰富的非遗资源。为加强对佛山市禅城区非遗的保护，佛山市先后出台了《佛山市非物质文化遗产保护专项资金管理办法的通知》《佛山市非物质文化遗产保护办法（征求意见稿）》等政策，禅城区依托区博物馆成立了非物质文化遗产保护中心，区内开展了多个"非遗进校园"经典案例，这些都为禅城区开展非遗融入幼儿园德育这场实践探索创设了肥沃的土壤。

为扎实推动"非遗润德"课程持续深入，课程建设之初就聘请了高校和研究院所学前教育、非遗等领域专家作引导，项目负责人具有丰富的教育教改经验，为组织协调、专业指导、推广宣传等工作的开展提供了坚实保障。同时，政府等各部门为项目开展提供了充分的制度保障和资金保障，文化场馆（如博物馆、图书馆等）、佛山非遗基地和传承人（如南风古灶、陶艺培训地、咏春拳博物馆、黄飞鸿博物馆、佛山彩扎基地、木版年画基地等传承人）等社会资源丰富了非遗学术课程的资源支持与服务。在"非遗润德"课程家园社协同育人的探索中，区域幼儿园共同体还与非遗博物馆、文化场馆签订了"园馆共建课程协议"，把文化场馆资源引进幼儿园、引进班级的同时，让公共空间成为课程的"第二教室"，并共同开发幼儿非遗研学课程。园馆共建的协作方式让幼儿在社会实践中开阔视野、丰富知识，加深与自然和文化的亲近感，增加对集体生活方式和社会公共道德的体验。例如，2022年，禅城区联合区教育局、文化广电旅游体育局、幼儿园、博物馆等跨界举办了一场以"童趣非遗"为主题的幼儿园非遗作品成果展，334份师幼非遗作品在博物馆展出，让博物馆成为家园社协同育人的特殊场域，其所形成的一种"全社会教育力"对非遗特色课程的发展产生了极大作用和影响。

---

① EPSTEIN J L. School, family, community partnerships: Caring for the children we share. *Phi Delta Kappan*, 1995,76(9):701–712.

第二节 "童趣非遗"德育课程研究的未来展望

"童趣非遗"德育课程是佛山市禅城区汇聚政府、幼儿园、家庭、社会各界力量而推动开展的一次学前教育跨界行动。在这场幼儿园德育课程实践中,作为具有深厚文化力量和特殊育人价值的佛山非遗,其在融入课程建设的过程中产生了巨大的推动力和创造力,促进课程层层深入,并营造出强大的"协同育人磁场",让课程的德育成效显著、实践生动精彩。反观课程历程,仍有较大的反思和改进空间。

一、进一步探索非遗与幼儿德育之间的关系,突出幼儿关键经验

通过持续开展基于佛山非遗的课程实践,充分挖掘佛山非遗中符合幼儿道德发展规律的潜在道德元素,突出关键经验,防止课程与德育两张皮。实现文化传承和课程育人的双驱动,丰富学前教育课程的理论和实践研究成果。

《3~6岁儿童学习与发展指南》强调,应理解幼儿学习方式和特点,以直接经验为基础,在游戏和日常生活中进行,最大限度地支持和满足幼儿通过直接感知、实际操作和亲身体验获取经验的需要。以佛山非遗为载体,充分利用当地场地资源,如祖庙、博物馆、南风古灶、民间艺术社、精武馆等场所,为幼儿提供能随时参观获取直接经验的平台,感受佛山非遗文化的魅力,提高幼儿欣赏美的能力;以佛山非遗为载体,充分利用当地材料资源,如陶泥、各种民间艺术展品、食材等,支持幼儿动手操作、实践锻炼,不仅能促进幼儿身体动作协调性发展,还能培养幼儿创造力和想象力,让幼儿在获取新经验的同时,提升学习品质、人际交往能力,形成积极向上的乐观态度等;以佛山非遗为载体,充分利用非遗大师资源,如非遗传承人讲励志故事、非遗文化的精髓简介,以及身体力行的示范;等等,以文化育人、文化浸染方式激发幼儿爱家乡、爱祖国的情感。因此,我们根据实际选取佛山非遗文化资源,开展系列德育课程,传承文化、润泽童心。

育德从幼儿阶段起步。《幼儿园教育指导纲要》中指出:"幼儿园品德教育应以情感教育和培养良好行为习惯为主,注重潜移默化的影响,并贯穿于幼儿生活及各项活动之中。"由于幼儿来自不同的家庭,受不同环境的影响,其行为习惯各不相同,且并不尽善尽美。幼儿期又是可塑性很强的时期,要培养幼儿良好的行为习惯,从幼儿园开始就要组织幼儿参加各种活动,并进行德育教育,需要教师在平时的工作中不断地引导、培养、强化。

因此,要继续挖掘佛山非遗特色,激活佛山非遗中的德育价值和元素,坚持"G-U-S-K"〔政府(Government)、高校(University)、社会(Society)和幼儿

园（Kindergarten）］课程建设模式，打造佛山非遗的幼儿园德育课程资源体系，切实培育佛山幼儿爱家乡、爱祖国的家国情怀，增强其文化自信；培养幼儿专注、勇敢、坚强等品质素养，增进其民族自信；培养幼儿基本的社会规则意识，养成自觉遵守社会公德和社会行为规范的习惯。课程建设实现体系化、科学化、网络化，促进区域学前教育共同体可持续发展，形成禅城教育新名片。

二、关注教师在课程建设中的主体地位，重视专业发展

建设高质量教育体系是新时代我国教育改革的主要政策取向和基本要求。在推进新时代高质量教育体系建设的背景下，扎实建设"幼有善育""幼有优育"的中国高质量学前教育，切实回答在学前教育阶段"培养什么人""为谁培养人""怎样培养人"的时代问题。幼儿园教育质量主要包含结构质量和过程质量。课程质量作为过程质量的重要组成部分，是确保教育质量的重要前提，也被视为提升学前教育质量的重要杠杆。2022年2月，教育部颁布《幼儿保育教育评估指南》，评估内容主要包括办园方向、保育与安全、教育过程、环境创设、教师队伍五个方面，教师队伍作为单独的版块呈现，旨在促进幼儿园注重教师专业能力建设，采取有效措施激励教师爱岗敬业、潜心育人。

课程建设过程就是教师开展专业实践、提升教育智慧、发展专业意识与专业立场的过程，所以，课程建设既依托于教师的专业能力，又为教师的专业发展提供了基本的场域和机会。幼儿园课程建设给予了教师参与课程决策、建设和管理的机会，它不仅有助于提升幼儿园课程的建设水平，同时也强化了教师的专业发展意识和专业发展水平。在幼儿园课程建设中，教师不仅可以通过丰富的实践去拓展自身的知识与经验范畴，不断发展自身的课程实施能力，还可以更清晰地认识到自身的专业发展水平对于幼儿学习需要满足的重要性。此时，幼儿园教师将不再是课程的被动执行者，而是具有主动的课程实践意识，以及内在的专业发展需要，幼儿园课程实践为教师的专业发展提供了良好的实践环境并能够有效激发教师的专业发展动机。

幼儿园课程审议主要是针对课程实践中的问题展开的，也是以解决这些问题为目的的。幼儿园课程审议是幼儿园课程开发的重要环节，也是幼儿园课程问题得以解决、课程决策得以形成的过程。因此，这能引发教师对理论知识的深入学习。

三、基于区域学前教育发展共同体，提升幼儿教师信息素养水平

构建高质量学前教育体系是新时代学前教育改革的重要方向，数字化转型是学前教育内涵发展的必然趋势。禅城区学前教育发展共同体在顶层规划时，就明确了积极应用"互联网+"思维，积极拥抱数字技术的策略。

未来，我区将数字化转型作为学前教育发展共同体的创新发展着力点，依托"童趣非遗"网络应用平台，将传统分散在各个幼儿园的教学活动、课程建设和研究探索过程数字化，由下向上支持共同体开展资源开发、教师研训、征集活动、课题研究和项目实践等工作，形成区域非遗教学资源库，初步实现"研训赛"一体化流程数字化重塑再造，为我区所有幼儿园和教师提供了一个规范化、起点相同的技术赋能环境。我区为共同体运行产生的培训、教研、活动、课程、资源等成果提供一个线上汇聚窗口，利用数据驱动作用，极大地调动幼儿园教师的工作积极性，提高幼儿园教师工作满足感，助力区内幼儿园和教师整体持续均衡优质发展。

为充分发挥"文化润德"项目的学术赋能作用，我区教育局将非遗园本课程研发作为学前教育发展共同体的重要工作和任务要求，通过项目促进课程建设，培养一支具有较高课程设计能力和数字素养的骨干教师队伍，进一步提高区域幼儿园教师的综合信息素养水平。领衔园在课程建设方面充分发挥了示范引领辐射作用，带动成员园协同设计和开发课程，建设了包括体育、剪纸、陶艺、武术、彩扎、食育、国学经典、传统文化社团等多元化特色课程，形成了可供各幼儿园推广使用、深受幼儿喜爱的课程体系。

各成员园参与课程研发全过程，与领衔园和其他成员园联动，通过参与课程研发和组织课程落地实践，共同提升教师信息素养水平，共同推动教师专业成长。依托学前教育发展共同体推广非遗德育课程，带动区域园本课程共生长、同进步、一体化发展，整体提升区域学前教育课程质量。

四、关注家长在课程研究中的话语权，赋予家长建设参与权

党的二十大报告中指出，中华传统文化源远流长、博大精深，是中华文明的智慧结晶，其中蕴含着天下为公、厚德载物、讲信修睦、亲仁善邻等精神力量，是中国人民长期生产生活中积累的道德观、社会观的重要认识，并与社会主义核心价值观高度契合。家国情怀是中华民族的心灵底色，爱国主义是中华儿女最自然、最朴素的情感。古人云："少成若天性，习惯如自然。"3~6岁是幼儿个性倾向和道德观念形成的萌芽时期，是培养良好品德行为的黄金时期。适时适度的德育启蒙能够带给幼儿潜移默化的影响，为幼儿形成、发展、巩固良好的个性奠定基础。因此，深入挖掘中华优秀传统文化蕴含的家国情怀资源，在新时代培养儿童的情感认同和文化自信，无论对于个体成长、群体塑造、社会发展，还是对于民族文化传承与更新，都具有重要的意义。

所谓"修身齐家治国平天下"，中国历来对"家文化"极其重视。一个家族、一个家庭的家风，对内影响着个人的品格，对外影响着社会的组成。家文化，几乎就是中国年文化的一个精神浓缩和集中体现。中国的新年，过的就是家的味道，过的就是家文化。一副春联、一个福字、一个龙舟，都在找寻着华夏传统文化的根

源，回归记忆深处家的温暖。

　　因此，要关注家长对非遗课程生成过程中的教育话语，家长参与过程中要尽量避免"工具化"倾向，赋予家长课程建设参与权。依托幼儿园、家庭和社会"三位一体"全方位实施非遗德育课程，充分挖掘"本土的+中国的+世界的"非遗文化资源，建立科学系统的区域非遗德育课程体系。并基于"互联网+"时代思维，联动信息化专家搭建网络资源平台，基于辖区的非遗德育课程资源库，为幼儿园、教师、家长、社会搭建话语平台和支撑平台，建立共研、共建、共享的课程资源平台，推动课程建设体系化、科学化、网络化，树禅城学前教育课程名片。

　　未来，禅城区学前教育以传承非物质文化遗产为担当，以润泽童心、立德树人为初心，以非遗德育课程项目撬动区域幼儿园课程质量的整体提升，树立佛山学前教育德育课程品牌，为禅城首善之区助力，绽放教育的真善美之光。